Sibylle Lewitscharoff
Heiko Michael Hartmann

Warten auf

Sibylle Lewitscharoff
Heiko Michael Hartmann

Warten auf

Gericht und Erlösung

Poetischer Streit im Jenseits

HERDER

FREIBURG · BASEL · WIEN

MIX
Papier aus verantwor-
tungsvollen Quellen
FSC® C014496

© Verlag Herder GmbH, Freiburg im Breisgau 2020
Alle Rechte vorbehalten
www.herder.de

Satz: Carsten Klein, Torgau
Herstellung: GGP Media GmbH, Pößneck

Printed in Germany

ISBN Print 978-3-451-39212-2
ISBN E-Book 978-3-451-82178-3

Inhalt

Unser keiner lebt sich selber, und niemand stirbt sich selber.
(Röm. 14,7)

Wo ... wo ... bin ich bloß gelandet? Kenne mich überhaupt nicht aus ... alles so wattig, so leer. So ... so allein bin ich. Ganz und gar allein. Rudi, wo bist du? Und du, Marie, wolltest du mich heute nicht besuchen kommen? So gegen fünf oder so? Weiß es leider nicht mehr so genau. Könnte eine ganze Weile her sein, dass wir verabredet waren. Aber hatten wir nicht gestern erst telefoniert? ... Klingt komisch hier – so ein Wort wie *gestern* oder *telefoniert*. Weit und breit kein Apparat zu sehen. ... Irgendwie sitze ich auf irgendwas, scheint so jedenfalls. Aber auf was bitteschön? ... Alles scheint irgendwie zu sein, scheint aber auch wiederum nicht richtig habhaft zu sein. Komme mir vor, als hätte man mich an der Luft aufgehängt, nein, nicht stranguliert, aber doch irgendwie aufgehängt. Dann wieder komme ich mir vor wie abgestellt, obwohl da gar kein Boden ist. Mir tut nichts weh, aber der Kopf ist seltsam beisammen ... Ach, ich weiß nicht. Hat er vielleicht was abbekommen? Wenn ich versuche, da oben hinzufassen, ist da aber nichts. Merkwürdig. Einen Kopf hat doch jeder, oder etwa nicht? Will man mir jetzt weismachen alle unsere Köpfe wären mit einem Mal weggehext worden? Quatsch! Das kann nicht sein. Ich denke ja irgendwie. Denken wird man ja wohl noch dürfen, denken kann man bloß mit dem Kopf. Ich weiß ja auch noch meinen Namen – Gertrud Severin, geborene Herzsprung, zweiundfünfzig Jahre alt, geboren am 17.6.1968 in Stuttgart-Degerloch. Das kommt wie aus der Pistole geschossen. Der Kopf scheint noch zu funktionieren. Aber wenn ich versuche, da hinzufassen, ist da kein Kopf. Bloß Luft. Fassen geht sowieso nicht. Womit denn? Füße scheinen aber auch irgendwie zu fehlen ... Schrecklich, alles schrecklich. Scheint alles weggehext zu sein. Hat man mich in ein Krankenhaus gesteckt und so isoliert, dass ich gar nichts mehr mitkriege? Mich in eine komische Blase gehüllt? Weil ... weil ... Aber dann müsste ich doch Stimmen hören, wenigstens irgendetwas hören. Dann und wann müsste außerdem jemand kommen und nach mir sehen. Aber da tut sich nichts. Tut sich nicht die Bohne ... Ist irgendwie furchtbar, so allein zu sein. Mutterseelenallein. Ich kenne mich nimmer aus. ... Hallo ... hallo ... ist vielleicht doch irgendwo einer da? Irgendwo jemand da, der mich hört? Kann meine Stimme ja selbst kaum hören, vielleicht bilde ich mir nur ein, ich würde sprechen. Vielleicht redet da jemand, der ich bin und auch wieder nicht bin, vielleicht spricht ein Apparat, der mich imitiert, aber gar nicht richtig existiert – so eine absurde Erfindung, die geräuschlos vor sich hinplappert. Quatsch! So was gibt's gar nicht. Aber hat irgendjemand vielleicht schon mal heimlich mit dem Mikrophon etwas aufgenommen, was ich tatsächlich gesagt habe? Und jetzt hört sich das so an, als würde ich in den eigenen Leib hineinplappern? Jessas! Der Leib! Davon kann ja sowieso keine Rede sein. Wo bitteschön soll der denn sein? Müsste ihn ja fühlen können, müsste mein Herz pochen hören, wenn er der meinige wäre, wenn er irgendwo da wäre, und ich mittendrin.

Ich? Mitte? Drin? Ja bitte! Ruhe jetzt, Schluss! Aus, Ende! Ich! Ich! Was plappert da noch?

Oha, da ist ja doch noch jemand! Oder habe ich mich bloß verhört? Wer sind Sie denn, wenn ich fragen darf? Gibt es Sie leibhaftig? Oder sind Sie auch bloß so ein unbegreifliches totes Etwas auf schwankendem Grund? Und sind Sie schon länger hier? Kennen Sie sich vielleicht aus? Wissen Sie, ich bin ganz neu hier, bin total verwirrt, keine Ahnung, wo ich überhaupt gelandet bin … finde mich noch gar nicht zurecht, aber Sie, wissen Sie vielleicht, wo … was …

Wie? Was? Wer sind Sie? Was wollen Sie?

Ach, da fällt mir ja ein Stein vom Herzen! Es ist also doch jemand da. Wie schön! Ich kam mir so schrecklich einsam vor. Wissen Sie, Einsamkeit ist nichts für mich, ich brauche Leute um mich, sonst werde ich verrückt. … Bitte entschuldigen Sie, jetzt habe ich doch gleich vergessen, mich vorzustellen. Ich heiße Gertrud. Gertrud Severin, geborene Herzsprung. Ist wohl ein seltsamer Name. Ich komme aber nicht aus Herzsprung, obwohl es den Ort gibt. Bin auch mit denen, die aus dem Ort kommen, nicht verwandt, obwohl …

Herzsprung? Was soll das? Hören Sie auf damit. Lassen Sie mich in Ruhe. Ich bin tot! Gestorben! Jetzt grade. Herzsprung? Tot ist tot. Also unterlassen Sie das. Schluss mit dem Quatsch!

Warum sind Sie so böse? Sie sind ja richtig fuchtig! Bitte sagen Sie doch irgendetwas Normales, Höfliches. Oder hat man Sie so gequält, dass Sie völlig außer sich sind?

Außer mir? Allerdings. Der Tod zog mich heraus aus mir selbst. Ich bin nicht mehr. Und dennoch scheint noch etwas da zu sein. Wer? Was?

Wer oder was vielleicht noch da sein könnte, weiß ich natürlich genauso wenig wie Sie. Ich kann nur sagen, dass ich mich so fühle, als wäre ich noch irgendwie vorhanden. Schwach vorhanden zwar, weil alles Greifbare fehlt. Dafür ist die Erinnerung recht lebhaft. Geradezu turbulent. Zumindest kann ich mich an etliche Dinge aus meinem Leben so präzis erinnern, als wären sie gerade erst geschehen. Sogar an sehr entfernt liegende Dinge. Als wäre die Zeit zusammengepresst, als träte alles Wichtige deutlicher hervor, während alles Unwichtige verloren gegangen ist. Ich kann also nicht ganz erloschen sein. Sie sagen, der Tod hätte Sie aus sich herausgezogen, mir kommt es eher so vor, als hätte mich der Tod zusammengepresst. Als müsste ich in mich hineingreifen, um alles Erlebte besser zu ordnen. Vielleicht auch, um es besser zu verstehen. Man lebt ja die meiste Zeit so vor sich hin, ohne nachzudenken, jedenfalls habe ich so gelebt, was mich jetzt wurmt. Geht es Ihnen vielleicht auch so?

Aber nein. Sie scheinen geradezu das Gegenteil von mir zu sein. Ich bin purer Gedanke, befreit von mir selbst weiß ich nichts von mir außer dem, was ich gerade denke. Bin ich bloß Ihr Gewissen? Auch wenn ich im Augenblick mich nicht zu erklären weiß, bin ich doch da als ich, ich, ich bin da – allerdings mit Ihnen. Möglichweise wurden wir unabhängig voneinander zerschnitten, und dann – nachdem der Fehler bemerkt wurde – die Hälften auch noch falsch zusammengeklebt, so dass wir jetzt oder für immer falsch verklebt durch das Totenreich eiern? Freilich ergibt das wenig Sinn, und Sinn und Logik sind das Einzige, an was ich mich noch festhalten kann. Erst wenn ich weiß, in welchem Zusammenhang ich mich befinde, weiß ich auch, wer ich bin. Was denken Sie, wo wir sind? Haben Sie irgendeine Vorstellung?

Nein, leider nicht. Ich wüsste auch nicht, woran ich mich jetzt festhalten sollte. Und das macht mir Angst. Ich glaube aber nicht, dass wir zusammengeklebt sind. Ich komme mir immer noch vor wie die Person, die ich einmal gewesen bin. Wenn auch anders verfasst. Dass wir uns im Jenseits befinden, scheint mir allerdings sicher, obwohl ich mir diese wolkige Welt völlig anders vorgestellt habe. Zumindest habe ich gedacht, es gäbe da sehr viele Seelen, die gerade oben angekommen sind. Und ich hatte mir auch vorgestellt, wir könnten einander sehen. Aber hier scheint es ja so, als wäre das einzig uns verbliebene Sinnesorgan das Ohr. Meine auf das Sehen konzentrierten Vorstellungen waren sicher genährt von der bildenden Kunst, etwa von der Sixtinischen Kapelle im Vatikan, die ich zweimal besuchen durfte. Michelangelos großes Fresko an der Stirnwand hat mich tief beeindruckt. Zwar wusste ich natürlich, dass es sich um eine malerische Phantasie des Jenseits handelt, die vermutlich mit dem, was uns wirklich erwartet, nicht viel zu tun hat. Dennoch hat es meine Vorstellung geprägt von den zweierlei Schwärmen an Leibern. Die einen – noch sind sie ängstlich und verwirrt – reißt es in die Höhe. Die anderen, mit schweren Sünden behaftet, werden ins Flammenmeer der Hölle gestürzt. Mich ängstigt, dass nur wir beide da sind, wir uns aber nicht sehen können. Nur hören. Und ich frage mich, wo sind die anderen? Die auch frisch verstorben sind? Sind die auch irgendwo vorhanden? Sind sie vielleicht verstummt aus Angst? Oder wurden sie sofort an einen anderen Ort geschafft? Das wäre allerdings mehr als nur ein bisschen unheimlich.

Michelangelos Fresko – verzeihen Sie, ist das Ihr Ernst? Wir sollen uns an Phantasie-Bildern orientieren, zu denen ein Medici-Papst vor einem halben Jahrtausend den bestbezahlten Künstler seiner Zeit beauftragte, auf dass er den Ruhm von Kirche und Papst mehre? Tod und Hölle als ästhetisches Erlebnis, ist das nicht ein

Widerspruch in sich? Was ist der Anblick angstverdrehter Glieder gegen die Angst selbst? Selber zerfleischt zu werden, ist etwas grundsätzlich Anderes als das Begutachten von Zerfleischtem. Wir stürzten nicht von der Erde in den Himmel, es war umgekehrt. Und nun, nach all den Mühen irdischen Lebens sind wir auch noch Zerschellte. Jede unserer Anstrengungen, jeder erreichte Erfolg – der Ewigkeit sind sie keines Fingerschnippens wert. Darin besteht der endlose Schrecken des Todes, dass er das Leben nicht nur beendet, sondern ihm jeden Sinn zu entziehen droht. Ist es nicht ein wenig billig, an die Stelle dieses Schreckens die Hoffnung auf ein gnädiges Gericht zu setzen? Bei allen Verstrickungen, in die ein Mensch unverschuldet hineingeboren wird, wäre da nicht jeder Schöpfer-Gott bloß Richter in eigener Sache?

Wenn Sie vom Zerschellen sprechen, überkommt mich ein mulmiges Gefühl, das ich gern wieder loswerden würde. Und Sie haben ja Recht, die Ewigkeit ist eine Größenordnung, mit der der Mensch nichts anfangen kann. Gleichzeitig hat sie etwas Anziehendes, natürlich auch Unheimliches. Wie viele Künstler – und oft waren es die besten – haben sich bemüht, sie mit ihren Werken auszukleiden. Sie würden sicher dazu sagen, da sei ein kindisches Bemühen am Werk, die Ewigkeit mit naiven Wünschen vollzustopfen. Aber ich denke da nicht nur anders, vor allem empfinde ich anders. Als Kind war ich auf eine herzliche und wundersüchtige Art fromm. In der Pubertät hörte das natürlich auf. Da konnten mir die Theorien, oder das, was ich dafür hielt, nicht radikal genug sein. Religion ist Opium fürs Volk! Sie kennen die Parole bestimmt. Sie war ja damals bei den jungen Leuten der absolute Schlager. Aber in späteren Jahren kam mir das alles ziemlich beschränkt vor. Vielleicht hat meine Begeisterung für die vielen erstklassigen religiösen

Werke, etwa für die Bilder von Fra Angelico, für die Matthäuspassion oder die Lieder von Paul Gerhardt, dazu geführt, dass ich meinen Kinderglauben in das Erwachsenenalter hineinretten konnte. Hatten Sie solche Gefühle nie? Waren Sie niemals wenigstens ein bisschen religiös gestimmt? … Nicht mal als Kind? … Sind Sie vielleicht böse darüber, was ich gesagt habe … was ist mit Ihnen? Sind Sie überhaupt noch da?

Mein Tod

Das also war mein Tod. War oder ist? Vermutlich beides, denn verwandelt nicht jede Wahrnehmung etwas Gewesenes noch einmal in Sein? Im Leben ja, hatte ich gedacht, aber nicht mehr im Tod. Doch nun scheint selbst der Tod ein Vorgang zu sein, ein Geschehen, das ich wahrnehmen kann. Wahrnehmen als das Erklingen einer fremden Stimme.

Einer Stimme, die von ihrem Kinderglauben und den wunderbaren Gefilden der Kunst schwärmt. Als wolle sie meinen Tod mit ihrer Harmlosigkeit ins Lächerliche ziehen; als herrsche kein Unterschied; als drohe kein Nichts, mich endgültig zu verschlucken. Ist das alles noch logisch? Möglicherweise ist diese Stimme selbst das Nichts, das meine Schwäche nutzt, um mich mit treuherzigem Geplapper endgültig auszulöschen, mich, mein Denken, meinen Ernst und alles, was mich jemals ausmachte – jetzt übertönt von der Geschwätzigkeit einer in die Jahre gekommenen Dame, die, ob tot oder nicht, mit sich zufrieden ist. Als herrsche kein Abgrund, nirgendwo, selbst nicht im Nichts, so plaudert sie vor sich hin, in netten Erinnerungen badend, mit sich selbst im Reinen, lädt sie mich dazu ein, auf mich zu verzichten, einfach so, als habe ich nichts mehr zu sagen und müsse, womöglich für immer, dieser fremden Stimme zuhören. Oh, wäre sie doch wenigstens jünger. Was habe ich falsch gemacht? Bin ich falsch gestorben? Woher sollte ich wissen, wie es geht? Nun ist nichts mehr zu machen. Die Sache hat eine völlig unerwartete Richtung genommen, nur welche? Jedenfalls eine ganz und gar lächerliche.

Gewiss liegt ein Irrtum vor. Ein Systemfehler. Oder Willkür? Das Spiel unterhaltungssüchtiger Götter: Wir zerquetschen dich immer wieder aufs Neue. Als Anfang diese prinzessinnenartige, tantenhafte Frauenstimme. Fällst du auf sie herein, brechen wir dir 's Genick. Und danach, wir haben noch viel Schlimmeres auf Lager. Wie der Kratzer auf einer Schallplatte: Du stirbst immer wieder von vorne. Das Ende: unerreichbar. Sterben als Dauerzustand. Oder anders gesagt: Dein Tod ist ein Märchen, es gibt ihn nicht. Höchstens in deiner Vorstellung. Du stellst dir das Nichts vor und glaubst ihn zu sehen, deinen Tod, direkt vor dir, kommt er immer näher und näher, näher und näher, so unfassbar nah, bis du endlich verstehst, dass es das Nichts gar nicht gibt. Stattdessen: ein unendlicher Ozean fremden Geplappers, eine unüberwindbare Wüste endloser Gedanken und Meinungen, besteht daraus der Tod jedes Einzelnen? Mit dir oder nicht, alles geht weiter und weiter, du löst dich auf in anderem, für das Nichts ist kein Platz und auch nicht für die Stille.

Für immer im Schattenreich fremder Stimmen, ist das mein Tod? Oder ist es eine Bestrafung? Habe ich falsch gelebt und war deshalb falsch tot? Wenn man es mir nur wenigstens sagen würde. Erst habe ich das Leben nicht richtig begriffen und jetzt nicht den Tod.

Sie können ruhig wieder reden. Da ich mein Ohr nicht verschließen kann, bin ich noch da.

Bitte bleiben Sie bei mir, falls es in Ihrer Macht steht. Ich bin wirklich froh, dass ich wenigstens eine menschliche Stimme zu hören bekomme. Die radikale Einsamkeit ist etwas Furchtbares. Die Gedanken schwirren auf bedrohliche Weise herum, losgelassen wie Rabenvögel, die in das eigene Fleisch picken, absurderweise in ein Fleisch, das nicht mehr existiert. Auf unheimliche Weise wird man mit sich selbst konfrontiert, und was ich dabei so langsam entdecke, ist weniger schön. Vielleicht will ich es gar nicht wissen. Sind wir hier oben in einem bedrohlichen Ungefähr gelandet, damit wir uns selbst nicht mehr entrinnen können, am Gestade eines dunstigen Meeres, an dessen Rand wir augenlos herumwaten? Ich habe Angst! Alles in mir – das ist wieder so ein irreführendes Wort, weil gar kein handgreifliches Innen mehr existiert –, also alles, was sich in meinem imaginären Körpersack herumtreibt, hat Angst, möchte am liebsten schreien vor Angst. Oder für immer verstummen.

Angst? Dann teilen wir dasselbe Gefühl. Wenn auch aus gegensätzlichen Motiven. Bereitet die Stille Ihnen Angst? Mir ist sie eine Oase. Was mich ängstigt, ist Gerede: Ein Reden, das man nicht ernst meint; ein Reden, mit dem man sich betäubt. Der Begriff ist des Menschen höchstes Gut. Weiß ich nicht mehr, was ich sage, löse ich mich auf, denn Denken und Fühlen ist ein Sagen zu sich selbst. Einsamkeit entsteht durch eigenes Verstummen, dadurch, dass man sich selbst nicht mehr hört, nicht aber durch Stille. Ohne Stille, wie könnte man sich da hören? Sie wollen sich selbst entrinnen, sagen Sie, aber wie wäre es möglich, sich selbst zu verlassen? Wohin wollen Sie ohne sich gehen?

Wieso kommen Sie auf die Idee, dass meine Art zu reden nicht ernst sei? Ich bin einfach nur höflich und, wie ich zugeben muss, auch verängstigt. Im Übrigen täuschen Sie sich in mir gründlich. Ich habe mich oft nach mehr Stille gesehnt, insbesondere, als unsere Kinder noch klein waren. Da habe ich mir mehr als nur einmal gewünscht, es käme der Tag, an dem die ganze Familie mal die Klappe hält und mich in Ruhe lässt. Ich bin mir auch sicher, dass ich weder meinem Mann noch Freunden und Bekannten durch unablässiges Gequassel auf die Nerven gegangen bin. Jedenfalls hat mich noch niemand für eine Frau gehalten, die ihren Plapperatismus nicht zügeln kann. Haltloses Schwätzen zählt definitiv nicht zu meinen Sünden. Außerdem kommt es auf die Art des Verstummens an. Schweigt man, weil man so im Elend steckt, dass es keine Worte dafür gibt? Oder bleibt man stumm, weil man von etwas Erhabenem angezogen wird? Hält man sich zurück, weil man einen anderen Menschen mit einer für ihn schmerzlichen Wahrheit nicht belasten will? Schweigt man aus Verdruss? Oder schweigt man bockig vor sich hin, weil man die Leute, die einen umgeben, verachtet? Mir scheint bei Ihnen Letzteres der Fall zu sein. Wenn ich Ihnen unerträglich bin und Sie wünschen, dass ich schweige, tue ich es!

Soll das etwa die Strafe sein?

An was für einen unverschämten Kerl bin ich da bloß geraten! Ist das vielleicht Bestandteil der Strafe, der man mich unterzieht, indem man mir in der furchterregenden Einsamkeit ein einziges Wesen beigesellt, das unentwegt aggressive Tiraden von sich gibt? Ist das vielleicht gar kein Mensch, der mir da unablässig in die Parade fährt, sondern irgendein niederer Geselle aus der Schar der Teufelsbrut, den man dazu abkommandiert hat, mich zu reizen? So habe ich mir das Jenseits nicht vorgestellt. Dass es Gründe geben kann, mich zu bestrafen, leuchtet mir ein, ich wüsste dann aber gern etwas genauer, auf welche meiner Sünden die Strafe antwortet. Und da finde ich keine plausible Erklärung, denn der Kerl hockt da irgendwo nebenan, eingesponnen in seinen Selbstekel und Verdruss, und scheint mich einfach nur dafür zu hassen, dass es mich ebenfalls gibt. Und wenn es kein Teufel ist, wieso hat man mich dann ausgerechnet mit so einem Stinkstiefel zusammengesteckt? Solche Leute wie den habe ich immer gemieden. Mein liebenswürdiger Robert ist ja ein ganz anderer Mensch, er hat mich vor aggressiven Leuten immer gewarnt, Leuten, die in ihren bösen Schneckenhäusern sitzen und nur auf den Moment warten, in dem sie zuschlagen können. Robert ist mir immer ein guter Mann gewesen. Ich gäbe viel darum, wenn er jetzt bei mir sein könnte. Er fand sich in ungewohnter Umgebung viel besser zurecht als ich, schenkte bösartigen Leuten einfach keine Beachtung. Wie es ihm jetzt wohl ergeht? Und den Kindern? Franziska wird ohne mich ganz gut zurechtkommen, sie führt ja seit längerem ihr eigenes Leben, aber Timmi ist labiler und hat seinen Weg noch nicht gefunden. Robert wird sich gut um ihn kümmern, da bin ich mir sicher. Aber es ist schon merkwürdig – mir scheint, als würde mein bisheriges Leben ganz langsam von mir wegdriften. Die Menschen, an denen ich so sehr gehangen habe, kommen mir jetzt schemenhaft in den Sinn, gerade so, als wäre ich noch am Leben, sie aber nicht. Das ist sehr beunruhigend, denn ich habe hier ja niemanden, der sie ersetzen könnte.

Hallo, sind Sie noch da? Habe ich Sie verärgert? Ich kenne Sie zu wenig, um über Sie urteilen zu können, und will es auch nicht. Eigentlich sprach ich über mich und meine Angst. Sie besteht darin, nicht ich zu sein. Bitte, halten Sie das nicht für Narzissmus. Wie ich Ihnen schon sagte, weiß ich nicht, wer ich bin. Daraus entsteht mir meine Freiheit, aber auch die Angst, mich zu verlieren. Erkenne dich selbst – darin sahen die Griechen in der Antike die vornehmste Aufgabe des Menschen. Sie meinten damit nicht, dass man wissen sollte, wann man geboren wurde, wie man heißt, ob man verheiratet ist und wie viele Kinder man hat. Es ging um das Wesen des Menschseins selbst: Der Ewigkeit so nah und zugleich sterblich? In meinem Leben vermochte ich dieses Rätsel nicht zu lösen. Vom Tod erwartete ich irgendeine Art von Aufklärung. Aber an die Stelle einer Aufklärung trat Ihre Stimme. Verstehen Sie meine Verwirrung?

Ich verstehe eigentlich nicht, dass ausgerechnet meine Stimme Sie so verwirrt. Vermutlich sind Sie ein Einzelgänger. Doch mir ist überhaupt nicht wohl dabei, ganz und gar allein zu sein. Sie mögen es verurteilen, aber ich bin immer ein geselliger Mensch gewesen, nicht nur die Ehe, auch Freundschaften haben mein Leben bestimmt. Außerdem erlangen wir im Spiegel eines geselligen Beisammenseins mehr Aufklärung über uns selbst als durch einsame Grübelei. Ohne zu wissen weshalb bin ich hierher katapultiert worden, meine Angst ist groß. Einerseits fühle ich mich einsam wie nie zuvor, andererseits bin ich froh, dass wenigstens *ein* anderer Mensch noch da ist. Aber können wir überhaupt noch von uns als Menschen sprechen, da alles Fleisch und Blut fehlt? Sind wir vielleicht Geister, die noch ein bisschen hin und her wischen, bevor sich unsere Erinnerung endgültig zerlöst? Es ist jedenfalls ganz anders gekommen, als ich immer geglaubt habe. Kein Jesus, kein Gott, kein Heiliger Geist, keine Engel, keine Sünder – einfach nichts und niemand davon. Aber in diesem Nichts scheint unser nicht mehr vorhandenes Herz zu klopfen wie verrückt, und die Gedanken fahren zickzack. Jedenfalls geht es mir so, aber Ihnen vermutlich auch.

Einzelgänger sind wir alle, aber nur im Leben. Der Tod erlöst aus dieser Not. So meine Überzeugung und aus ihr schließe ich, dass wir noch – na, jedenfalls nicht erlöst wurden. Ihre Stimme klingt mir inzwischen vertrauter, aber durchaus noch fremd. Ihre Sehnsucht nach Geselligkeit zeigt ebenfalls, dass von Erlösung keine Rede sein kann. Geselligkeit heilt nicht das Übel, einsam zu sein, sie lässt es nur vergessen. Möglicherweise stellt sich uns noch eine Aufgabe, möglicherweise dienen wir einander als eine Art Zwischenzustand. Jean-Paul Sartre meinte die Hölle, das seien die anderen. Er hätte besser vom Fegefeuer gesprochen, klingt das nicht heiß genug? Uns hängt noch zu viel Fleisch und Blut an. Verstehen Sie, was ich meine? Ich weiß: Was ich sage, erschreckt Sie,

Sie fühlen sich durch mich beleidigt. Aber machen wir uns nichts vor: Wer immer wir gewesen sein mögen, was immer mit uns geschehen ist, wir sind beide unerlöst.

Da haben Sie sicher recht. Und mir gefällt, wenn Sie sagen, dass wir beide möglicherweise hierher gebracht wurden, um in einer Art *Dazwischen* einander zu dienen. Es muss ja einen Grund geben, weshalb sich sonst niemand und nichts regt. Wahrscheinlich sind wir tatsächlich in so etwas wie dem Fegefeuer gelandet, nur brennt hier nichts, stattdessen irrt man wirren Herzens in der Konturlosigkeit herum. Vielleicht passt das besser zu einem modernen Menschen, dieses unentschlossene Halb- und Halb-Sein, dieses Weißnichtwie, Weißnichtwozu. Wir sind oder waren vermutlich keine ausgepichten Bösewichte, aber in gottgefälliger Weise großzügig zu sein, – oder, wie es früher mal geheißen hat: *Der Mensch sei edel, hilfreich und gut!* – von solchem Vorsatz war unser Handeln wohl ebenso wenig bestimmt. Ich spreche hier natürlich für mich, vielleicht trifft, was ich gerade erwähnt habe, auf Sie nicht zu.

Ist nicht dieser Vorsatz jedem Menschen eingeboren, selbst dem bösesten? Freilich nur als Vorsatz. Vor-satz, ein Begriff, der uns erinnern kann, dass unserem Denken und Handeln stets etwas vorausgeht; dass es auf Grundlagen und Voraussetzungen beruht, deren wir uns oft nicht bewusst sind. Dass jeder Satz, den wir denken, auf Sätzen fußt, die, einst pures Leben, allmählich erstarben zu verfestigter Überzeugung und erstarrtem Glauben. Ihr wirres Herz und die Konturlosigkeit, von der Sie sprechen, sind sie nicht etwa ein Zeichen des Feuers? Was, wenn das Fegefeuer als eine Glut zu verstehen wäre, die ein verklumptes, erfrorenes Herz wieder arbeiten lässt? Der Weg zur Hölle, sagt man, sei gepflastert mit guten Vorsätzen. Wollen wir diesen Weg meiden, müssen wir jene Sätze untersuchen, auf denen wir einst sicher gehen zu können glaubten. Welches waren Ihre tiefsten Überzeugungen? Worauf beruhte Ihr Glaube an die Richtigkeit Ihres Lebens?

Verklumptes, erfrorenes Herz – das ist gut gesagt! Während die bösen Gedanken im Hirn herumflatterten. Vielleicht habe ich mich tatsächlich zu sehr in meiner familiären Zufriedenheit samt gebetsmühlenhaft vorgetragenen guten Vorsätzen eingeigelt und bin darüber auf scheinfreundliche Weise abgestumpft. Vorbildlich würde ich mein Leben bestimmt nicht nennen. Bösartige Gedanken flatterten durchaus in meinem Hirn herum, insbesondere, wenn ich auf Leute traf, die mir nicht behagten. In der Pubertät und viele Jahre darüber hinaus hatte mich die Einschlafphantasie am Wickel, als eine Art Pistolen-Jenny Leute niederzuschießen, die es verdient hatten. Ich kann es inzwischen ja selbst kaum mehr glauben, dass ich in meinen jugendlichen Phantastereien ein ganzes Konzentrationslager befreit, die Schergen in die Gaskammer gezwungen habe, auf das Dach des Gebäudes geklettert bin und das Zyklon B mit Hochgenuss eingeworfen habe. Das war eine regelrechte Romanphantasie, bis ins kleinste Detail ausgearbeitet und immer wieder mit neuen Zusätzen versehen. Ich bin ziemlich ratlos, was ich heute davon halten soll. Meine Selbstgerechtigkeit war jedenfalls stark entwickelt; in erwachsenen Jahren konnte ich sie zwar vor anderen Leuten einigermaßen verbergen, aber in mir glühte sie als inneres Feuerchen ziemlich stark. Deshalb glaube ich auch nicht daran, dass ich einfach so – mir nichts, dir nichts – erlöst werden könnte. Aber dass ich mich vor Gott verantworten muss, der viel schärfer in mich hineinsieht, als ich es vermag, daran habe ich zwar nicht mehr in der Pubertät geglaubt, aber in späteren Jahren kehrte die Vorstellung mit Macht zurück, mich für mein Leben einst verantworten zu müssen, und zwar für meine Taten wie für meine aggressiven Gedanken. Und jetzt? Bin ich ratlos und hoffe, dass Sie mehr wissen als ich.

Sie fragen, inwiefern man sich für eigene Rachephantasien verantwortlich fühlen muss. Spontane Gefühle sind ein Zeichen der Lebendigkeit, auch die Wut. Und Rachephantasien verdanken sich in der Regel dem Wunsch, das eigene Selbstwertgefühl wiederherzustellen. Was hat Sie einst so tief verletzt? Aber lassen Sie uns zuvor über die Vorstellung sprechen, dass jeder Mensch sich für sein Leben verantworten müsse: Sie sagen vor Gott – warum nicht vor sich selbst? Gott sehe schärfer in Sie hinein, den eigenen Blick halten Sie für getrübt durch Ihre Neigung zur Selbstgerechtigkeit. Das klingt bescheiden und lobenswert. Allein da ist ein Widerspruch: Falls die Neigung zur Selbstgerechtigkeit Ihren Blick trübt, wird sie dann nicht auch Ihre Vorstellung von Gott verzerren? Die Präsenz eines alles wissenden, gütigen Vaters, ist sie nicht eine kindliche Wunschvorstellung, die, ähnlich der Rachephantasie, helfen soll, das innere Gleichgewicht wiederzugewinnen? Solche Phantasien sind natürlich und legitim für ein Kind, der Heranwachsende vermag sie zu überwinden, indem er ein gesundes Selbstwertgefühl entwickelt. Wer phantastischer Vorstellungen bedarf, um die Achtung vor sich selbst nicht zu verlieren, droht sich am Ende nur noch tiefer in zerstörerische Schuldgefühle zu verstricken. Möglicherweise hat die Kirche dem Einzelnen wenig geholfen, indem sie ihm zur Seelenrettung allzu sehr die Pflege des eigenen Schuldgefühls nahelegte. Mein Leben als Gerichtsverhandlung über mich selbst? Führt nicht die forcierte Aufspaltung in die Doppelrolle eines Anklägers und eines Angeklagten nur zu einer unseligen Fragmentierung des Bewusstseins von sich selbst? Einer Fragmentierung, die die Angst schürt, den Hang zu blindem Aktionismus befördert, ein Gefühl der Verlassenheit bewirkt und der Ausweglosigkeit.

Nein, das glaube ich nicht. Sich selbst daran zu erinnern, wie man anderen Menschen geschadet hat, und sei es bloß durch kecke oder unachtsame Reden, schlimmer natürlich, wenn man jemanden richtig übers Ohr gehauen hat – das alles ist wichtig für die Daseinsfreude und für ein ausgeglichenes geselliges Miteinander. Wenn man einen anderen Menschen getötet hat, stellen sich allerdings noch sehr viel schärfere Fragen. Die muss ich mir gottlob nicht stellen. Über Leben und Tod eines Menschen hatte ich nie zu entscheiden. Sich selbst anzuklagen ist mitunter durchaus sinnvoll, solange man es nicht übertreibt und in einer zur Untätigkeit verdammenden Depression landet. Dazu fällt mir eine kleine Geschichte ein, die mich bewegt hat, keine Ahnung, weshalb sie mir gerade jetzt derart plastisch vor Augen steht. Bitte verzeihen Sie, dass ich etwas zusammenhanglos ins Schwätzen komme. Ich knabbere nämlich immer noch daran herum, weshalb mir Ihre Stimme bekannt vorkommt. Sie klingt komischerweise wie die von Porfirio Rubirosa. Wahrscheinlich wissen Sie nicht, wer das ist. Er war ein Playboy aus der dominikanischen Republik und ein Rennfahrer, lebte in Frankreich. Als ganz junges Mädchen habe ich mal in den Ferien an der Côte d'Azur in einem Hotel gearbeitet, da ging er aus und ein, immer mit einer anderen Frau. Er soll sogar Affären mit Evita Peron und Marilyn Monroe gehabt haben, mit hunderten von Frauen – sagte man jedenfalls. Er kam bei einem Autounfall ums Leben, da fuhr er gegen einen Baum. Sie fragen sich vielleicht, warum mir jetzt ausgerechnet dieser Mann in den Sinn kommt. Ein gottgefälliges Leben hat er sicher nicht geführt. Aber er hat damals einem Dienstmädchen geholfen, das ein uneheliches Kind bekommen hat. Das Kind war nicht von ihm, er war mit dem Mädchen nie zusammen gewesen. Aber er hat ihm eine größere Summe gegeben, damit das Kind zunächst einmal versorgt werden konnte. Viele Jahre später kam mir der Mann wieder in den Sinn, obwohl ich ihn immer nur flüchtig gesehen habe, und dann dachte ich: Gott hat ihn in seine Obhut genommen und ihm verziehen, weil er zumindest dies eine Mal uneigennützig und großzügig gehandelt hat. Sie dürfen über meine naive Anwandlung gerne lachen, ich finde sie inzwischen selbst ein bisschen komisch. Ich dachte damals, manches Mal wird Rubirosa vielleicht zur Kirche gegangen sein und gebeichtet haben. Ob das wirklich so war, weiß ich natürlich nicht. Trotzdem muss ich denken – so wird es wohl gewesen sein. Rubirosa hat manches in seinem oberflächlichen Leben bereut, und deshalb wurde ihm verziehen. Sie dürfen sich gern darüber lustig machen, wahrscheinlich klingt es in Ihren Ohren ziemlich lächerlich. Geschwätz von einer älteren Dame, die ihre Tassen nicht mehr im Schrank hat. Ich glaube trotzdem daran. Eine einzige gute Tat, die von Herzen kommt, kann eine ganze Menge Sünden aufwiegen.

Die Versuchung, Sie als lächerliche Tante aus der Provinz abzutun, verspüre ich tatsächlich. Nur hindert mich daran unsere Situation. Um einander noch abtun zu können, dafür sind wir schon zu tot. Bleibt irgendetwas für uns zu tun, dann vermutlich: einander zu begreifen. Erst dann werden wir verstummen und Frieden finden. Nur, wie sollen zwei so unterschiedliche Stimmen einander begreifen? Die meine erinnert Sie an einen Rubirosa. Wie soll ich das verstehen? Dieser Rubirosa bin ich ganz bestimmt nicht gewesen.

Alles, was Sie über ihn sagen, vermittelt mir den Drang, erbrechen zu müssen. Jemand gewesen zu sein, über den ich, frisch verstorben, gleich erbrechen muss? Dafür stehe ich mir noch zu nah. Porfirio Rubirosa? Nein, bitte, kommen Sie mir nicht so.

Das harmlose Tantchen dürfen Sie gern in mir sehen. Es amüsiert mich sogar. Rubirosa ist mir nur wegen seines komischen Namens und wegen Ihrer ähnlich klingenden Stimme in den Sinn gekommen. Keine Sekunde habe ich geglaubt, Sie seien ein von Rennwagen besessener Hallodri. Vermutlich sind Sie ein sehr ernster Mann gewesen. Schon als Kind ein Spielverderber, zu lockeren Scherzen jedenfalls nicht aufgelegt. Ihr nettes Tantchen kann aber auch ziemlich ernst werden und hat in Gedanken durchaus schon einiges riskiert, es hat sich nämlich mit dem Risiko, sich darin zu verlieren, in die schwarze Mystik der Gottespassion versenkt – ins radikale Dunkel, in ein Gestöber der Verzweiflung, in der sich Angst und Nicht-Verstehen-Können herumtreiben und alles auf den Kopf stellen, was man zu wissen glaubte. Da wurde mir gesagt, ich solle auf die klagenden Stimmen der Leidenden hören, in ihre erloschenen Antlitze blicken. Das Eintrittsbillet in den Himmel werde mir nicht wie eine Theaterkarte, für die man ein bisschen Klimpergeld zahlt, an einer Pforte übergeben, die ein Engel mit Goldflitter an den Flügeln bewacht…Warum muss ich ausgerechnet jetzt an Würmer und Maden denken?

Merkwürdig, Ihre Stimme hat sich verändert. Sie klingt verjüngt, sind Sie wirklich Sie? Oder bilde ich mir Sie bloß ein, entstammen Sie einer Todesphantasie? Würmer und Maden, nein, das ist mir ganz fremd. Ich weiß nicht, wer Sie sind, offenbar haben Sie ganz andere Vorstellungen und Gefühle als ich, beruhend auf anderen

Erfahrungen, auf einem anderen Leben. *Schwarze Mystik der Gottespassion*, sagen Sie, die *Stimmen der Leidenden* – solche Stimmen habe ich nie gehört. Vertraut ist mir dagegen der Gedanke, dass man seine verzagte Kleinheit überwinden muss, um in einem größeren und besseren Ganzen aufgehen zu dürfen. Verzagte Kleinheit, damit meine ich die eigenen Schiefheiten, überzogene Wünsche und Befürchtungen, Gier und Angst, zwei Begriffe, die mit ihrer kalten Gegensätzlichkeit den wirren Lockton des Lebens bilden. Die eigenen Vorstellungen nicht aufgeben zu können aus Furcht, dann im Strudel des Nichts zu verschwinden, ja, diese Not kenne ich durchaus. Es ist die Angst zu verlieren, eine Not dessen, was man für sich selbst hält. Nur, was bin ich, bloß meine momentanen Vorstellungen von mir? Würmer und Maden – dass etwas Ekelhaftes, Fremdes in mich eindringt, um mich für immer zu verschlingen? Liebe und Tod, sagt man, gehören zusammen. Aber was heißt das, zusammen? Ein bloßes Hin- und Hergerissensein zwischen Ekel und Lust?

Durch Begreifen zur Erlösung?

Wir sind einander verborgen und nicht. Ich höre ihre Stimme, aber sie klingt mir fremd. Eine Frau, schon deshalb nicht ich, hat sich in mich eingeschlichen, so dass ich nicht mehr genau weiß, wer und was ich bin. Besteht der Tod darin, dass ein Mensch jemand anderes wird? Eine Art Seelenwanderung durch Vermischung von Stimmen, so meine vorläufige Einschätzung. Womöglich soll ich mit dieser Frau allmählich verschmolzen werden? Ohne dass ich gefragt werde? Nein, verdammt, ich will lieber ich bleiben. Ich bin mit mir zufrieden und brauche keine weiblichen Einsprengsel, die mich, wie zu befürchten ist, von innen aufweichen werden und den letzten von mir erhaltenen Seelenrest zersetzen. Aber an wen könnte ich mich wenden? Es ist ja alles aus, es bleibt kein Raum, nicht einmal umdrehen kann ich mich. Jede Art von Flucht: ausgeschlossen.

Also muss ich mich mit dieser Stimme arrangieren, dem einzigen Nicht-Ich, das noch da ist. Immerhin kann ich versuchen zu begreifen, was hinter dieser Stimme steckt. Ich muss mir die fremde Stimme zu eigen machen, um sie los zu werden. Ich muss diese Frau begreifen, vollständig begreifen, so wie sie ist, dann wird sie von sich erlöst und ich von ihr. Ist das logisch? Zumindest ein wenig. Wenn auch die Logik nach dem Tode vermutlich nicht mehr zählt, will ich an ihr festhalten, bis ein besserer Ersatz zur Verfügung steht. Nur, gibt es überhaupt einen? Ich kann es mir nicht vorstellen. Jede Art von Vorstellung beruht schließlich auf einer logischen Struktur, selbst wenn sie noch so unsinnig erscheint.

Tot durch das Hören fremder Stimmen, das klingt eher nach einem Fall für die Psychiatrie als nach einer glaubwürdigen Geschichte. Andererseits: Ist nicht das menschliche Leben selbst eher ein Verrücktsein des Universums als eine glaubwürdige Geschichte? Der Mangel an Seriosität ist ihm bereits dadurch eingeschrieben, dass es sich ständig ändert. Das Totsein hat mich genauso fest im Griff wie zuvor das Leben. Ich bin ihm ausgeliefert. Und wenn es diese Frau für mich ausgesucht hat, muss ich sie überstehen. Es ist eine Art Zwangsehe, aus der ich nur herauskomme, indem ich den Grund für sie verstehe. Was ist der Grund für diese Situation? Wer ist diese Frau? Was soll mich mit ihr verschmelzen?

In Ihren strikten Entgegensetzungen finde ich mich nicht zurecht. Die Liebe als Hin- und Hergerissensein zwischen Ekel und Lust? Das ist mir zu viel an zerstörerischer Dramatik. Zu viel an überbordendem Lebensschaum. Mir war im Leben die Solidarität mit den Toten wichtig – deren Erlösung, aufgehoben in flaumiger Anmut und Schönheit, beflügelt vom Erbarmen, die den sich zersetzenden Leib von Stank und geronnenem Blut befreit. Ich muss zugeben, dass ich nun völlig verwirrt bin. Von neuen Leibern, die sich an den Tränen der Engel erquickten, keine Spur.

Strikte Entgegensetzungen möchte auch ich gerne überwinden. Aber wie? Sie wollen sich befreien vom verweslichen Leib, von dessen ekligem Gestank und geronnenem Blut. Erschaffen Sie damit nicht bloß eine neue Entgegensetzung? Ihr Wunsch nach flaumiger Anmut und Schönheit erscheint mir eine blutlose Vorstellung. Sie akzeptieren den Absturz ins Nichts, solange er angenehm ist: Segeln wie eine Feder möchten Sie, nicht fallen wie ein Stein. Süßer Schlaf, lauwarmer Tod? Nein, das entspricht nicht den Regeln des Denkens. Tod und Leben stehen einander unversöhnlich gegenüber, sie schließen einander aus, das eine des andern Gegenteil. Beide miteinander zu verschütteln, hieße bloß, mit verschlossenen Augen ihren Unterschied zu übersehen. Sich zu suhlen in einem feinen Rausch, in dem der Tod, statt das Leben zu beenden, gnädig bloß von dessen Unannehmlichkeiten erlöst, hieße den Ernst der Ewigkeit zu verkennen. Die *Tränen der Engel* mögen erquicken, wie sollen sie den Durst abschaffen? Auch neue Leiber wären wieder Leiber. Nein, wir Stimmen geistern bloß. Dürfen wir noch jemandem erscheinen, dann bloß zerronnen wie Druckerschwärze auf Papier. Was könnte uns erwecken?

Ach, die Tränen der Engel! Wie sehr würden sie in mir jetzt eine neue Zuversicht entfachen. Und sie könnten uns insgesamt erwecken, etwas in uns auf neue, feinstoffliche Weise wiederherstellen. Die neuen Leiber hätten mit den alten nichts zu tun, auch wenn sie noch in zarten Umrissen als menschliche kenntlich wären – mit Händen, Armen, Beinen, vor allem: Gesichtern. Nicht Fleisch, nicht Blut, nicht Knochen, sondern eine in Schönheit geborgene Seinsweise in höherem Glanz, die den absoluten Traum des hymnischen Wandels in Liebe und des verständigen Sich-Durchdringens von Werden, Sein, Sterben und Auferstehen träumt. Der Tod als der gute Hirte, der seine Schafe auf eine neue Weide führt.

Allerdings kann das nicht so einfach sein. Was ist mit den Sünden? All dem Schrecklichen, das wir gedacht und getan haben? Bohren sich die Erinnerungen daran wie Messer in den nicht mehr vorhandenen Leib, der eben nicht fühllos ist, sondern die Verletzungen, die wir anderen zugefügt haben, qualvoll am eigenen Leib zu spüren bekommt, obwohl dieser in handgreiflicher Form gar nicht mehr existiert? Könnte es so sein, dass durch unsere transzendente Existenz die Qualen, die wir anderen zugefügt haben, in höchst schmerzhafter Potenz so lange hindurch ziehen, bis wir – vielleicht davon erlöst – als gereinigte, befreite Wesen Gottes Antlitz erschauen dürfen?

Ich muss immer wieder an den Leib Jesu denken, oben hängend am Kreuz, gesenkten Hauptes in den Himmel hineinragend. Auf dem erloschenen Körper versammelt sich ein hermetischer, weltabgewandter Sinn. Aber vom erhobenen Längsbalken aus fliegt die Empörung in den Himmel, leitet das Geschrei der leidenden Menschen in den Kosmos, deren Körper Schreckliches ertragen mussten. Und in meiner bedürftigen, angstvollen Lage jetzt bin ich zwar irgendwie oben gelandet, kann aber Zweck und Ziel der Reise nicht erkennen. Damit Sie aber nicht auf falsche Gedanken kommen: Ich vergleiche meine Leiden nicht mit den unvorstellbaren Qualen, die ein ans Kreuz genagelter Mensch erleiden musste.

Aber doch! Bitte, vergleichen wir. Sage ich – aus Wut, Trauer oder logischer Verbohrtheit –, das Leben ist das Leben, der Tod aber der Tod, so besteht die Gefahr, nichts zu erkennen, nur zwei Dinge auseinander zu halten, von denen ich meine, sie hätten nichts miteinander zu tun. Vergleiche ich dagegen den Tod mit dem Leben, bestehe ich nicht nur auf ihrer Unterschiedenheit (freilich, das auch), ich frage darüber hinaus nach ihrem Zusammenhang und ihrer Ähnlichkeit. Welche Kraft hält sie überhaupt auseinander? Wir. Verlässt uns diese Kraft, verschwindet ihr Unterschied. Das klingt logisch, aber wir können es uns nicht vorstellen. Sie kennen die Geschichte vom weißen Elefanten, an den man für fünf Minuten nicht denken soll. Schon stellt man ihn sich vor, weil man keine Aufgabe lösen kann, ohne die Erinnerung an ihren Inhalt aufrechtzuerhalten.

Ich fürchte, das klingt Ihnen zu abstrakt. Lassen Sie uns von den Vorstellungen sprechen, die Sie schildern. Wie darf ich sie nennen? Sind es religiöse Vorstellungen oder solche der Poesie? Was wäre der Unterschied? Bestehen Sie auf ihm? Lassen Sie uns vergleichen. Man unterscheidet die Religion von der Poesie; der Religiöse, weil er die Poesie für ein luftig-willkürliches Spiel hält, der Poet, weil ihn an der Religion phantasieloser Ernst schreckt. Welche Kraft ist es also, die beide auseinanderhält, Religion und Poesie? Unsere Furcht. Versuchen wir, sie zu überwinden. Verknüpfen wir Ernst und Spiel.

Was Sie schildern, das Bild vom grauenvoll gekreuzigten Erlöser, bildet seit Jahrhunderten ein klassisches Motiv christlicher Andacht. Sie finden in ihm Trost. Möglicherweise weil sich darin folgende Gedanken verschränken: Die Hergabe des eigenen Sohnes, das grauenvolle Leiden eines zutiefst Unschuldigen, die Selbsterniedrigung eines Allmächtigen und alles dies – wozu? Um Sie von Ihren Sünden zu befreien. Verzeihen Sie meine Direktheit, aber könnte man diese Konstellation nicht auch ein wenig anders formulieren, und zwar in dieser Reihenfolge: Die eigene Gewissennot droht Schreckliches an, doch der Richter selbst opfert sich mir auf, meine Dankbarkeit ist so grenzenlos, dass sich in ihr alle meine Ängste wie von selbst verlieren. Sie werden zugeben, dass die Einübung in die Formen moderner Psychologie uns die einst süße Speise versauert hat. Warum halten Sie an den alten Bildern fest?

Ich bestreite nicht die Erkenntnisse der modernen Psychologie, aber wie sollen sie uns hier in diesem ungefähren Oben nutzen?

Wären wir beide noch am Leben und würden uns dort im Wirtshaus oder sonst irgendwo unterhalten, hätte ich große Mühe, Ihren Argumenten zu widersprechen. Aber hier? Ist doch alles anders. Wir sind gestorben, aber unsere Hirntätigkeit ist noch völlig intakt. Weder Sie noch ich hätten gedacht, uns nach dem Tod so vorzufinden, wie es nun mal geschehen ist. Sie sind vermutlich davon ausgegangen, mit dem Tod sei alles vorbei, ich hatte gedacht, auf andere Seelen zu treffen, und ja, auch auf Jesus Christus. Nun bin ich verwirrt und …

Betrachten Sie Ihre Verwirrung, entdecken Sie in ihr das Staunen. Aristoteles hielt das Staunen für den Beginn der Weisheit. Offenbar hat der Tod verschiedene Gesichter. Indem wir sie zu erkennen vermeinen, sehen wir uns selbst. Ich beneide Sie um die Ruhe, die Ihnen das Vertrauen in tradierte Bilder und Begriffe geschenkt haben muss, und doch beängstigt es mich, als flüstere jemand: Friedhofsruhe. Auch Sie versetzen mich in Erstaunen, denn Sie sind mein Tod, im Augenblick jedenfalls, ein anderer scheint nicht da zu sein für mich. Sie sind eine Form der Stille, die ich nicht erwartet hatte: eine Stille, die spricht. Ich weiß, als sprechende Stille haben Sie sich nie empfunden, Sie sind das ja auch nur für mich, wie ich vermutlich für Sie. Wenn wir füreinander der Tod sind, stehen wir in einem merkwürdigen Verhältnis zueinander, finden Sie nicht? Lassen Sie es uns tiefer ergründen, die Verwirrung sei unser Kompass.

Die Erkenntnisse moderner Psychologie, meinten Sie, gehörten ins Wirtshaus. Oh ja, ganz gewiss. Nur, Ihre Sehnsucht nach einer gemütlichen Gemeinschaft von Seelen – zielt sie nicht ebenfalls aufs Wirtshaus? Mich schrecken solche Aussichten, nach denen jeder er selbst bleiben, ganz wie er es vom Leben gewohnt ist, und doch seliger Allheit teilhaftig werden könne. Eine *gesunde*

Seele, was ist das? Liegt es nicht im Wesen jeder Seele, wund zu sein? Und es zu bleiben, solange sie Seele ist? Nehmen Sie Ihre eigenen Bilder ernst. Dieser Jesus, dem Sie sich durch tiefe Dankbarkeit verbunden fühlen, weil er Sie, wie Sie meinen, von Ihren Sünden befreie, fordert er Sie nicht zugleich auf, es ihm gleichzutun? Komm zu mir, ruft er, komm näher mir noch als diese beiden Heiligen da unten, Maria und Johannes, die tränenreich den Jammer mit ihren Händen darzustellen versuchen. Komm höher noch, komm, wo ich wirklich bin, und erlöse mich: Sei Jesus und hänge dich für mich ans Kreuz!

Gewiss sind Religionen dazu da, Trost zu spenden und Hoffnung zu wecken. Aber tun sie es, indem sie die Sicht auf den Abgrund des Lebens verdecken, führen sie bloß in eine mundwarme Bonbon-Finsternis. Vor einem Gefolterten, grausam Sterbenden zu stehen, der mir zuruft: Sei ich! Fühle deinen Schmerz, der Tod ist keine Niedlichkeit, er quält dich, solange du lebst. Sieh mich an, um dich selbst zu sehen, dich und deine grenzenlose Ohnmacht. Verschließe nicht deine Augen, lauf nicht fort, sieh ihn an, deinen Tod, denn das bist du, deine Art von Göttlichkeit besteht im Sehen, nicht im Sein.

Die Verwirrung steigt

Ich fühle mich umstellt von blinden Fenstern, deren Flächen ich nicht ertasten kann. Leeren Auges bin ich umgeben von einem ruhigen, vor sich hindämmernden Nichts, durchbrochen nur von einer Stimme, die mich nicht wirklich beruhigen kann. Sie klingt mir inzwischen zwar angenehmer, aber sie will mich hartnäckig davon überzeugen, dass es keinen Gott gibt, dass niemand auf uns wartet, Jesus nicht, Maria nicht, die Heiligen nicht, einfach niemand. Zerfallene Wesenheiten ringsum, falls überhaupt etwas. Mit seinen *mundwarmen Bonbonwahrheiten*, die anscheinend nichts taugen, hat dieser Andere von irgendwo da drüben, der mir aus unerfindlichen Gründen anheimgegeben ist, ja nicht ganz unrecht.

Das Nichts ist in mein Fleisch und in die Knochen gedrungen. Heilige Akkorde geben sich nicht zu hören. Was soll das für ein Weiterleben sein, ohne, ohne, ohne – ohne Sehkraft, ohne erkennbare Wunden, ohne Orientierung, ohne ein zutrauliches Miteinander. Ich war immer zum Sterben bereit, aber in der Hoffnung auf Erleuchtung, auf ein von der Gnade in Glanz getauchtes Wissen. Ist das die apokalyptische Leere, vor der sich so mancher Heilige gefürchtet hat? Sind das die zertretenen Wege, auf denen niemand mehr gehen kann? Bin ich umwallt von einem Nichts, das mich in die Niederungen zieht? Bisschen Geschwätz noch mit einem Scheinschlauen, der aber noch ratloser zu sein scheint als ich? Geschwätz, in das allmählich die Stille einsickert?

Wie gern knüpfte ich mich, umspült von erhabeneren Weisheiten, in das Seelennetz eines neuen gnadenreichen Lebens ein. Sind sie denn nirgendwo zu spüren, die gottbeseligenden Lüfte? Ziehen die Gestirne, die man von hier, aus unserem undurchdringlichen Käfig, nicht sehen kann, ungerührt weiter auf ihren Bahnen, als gäbe es niemanden, keinen Gott nicht, Menschen sowieso nicht, Tiere und Pflanzen ebenfalls nicht?

Hölderlin sprach oft in erhabener Form vom *Äther*, einer göttlich schimmernden, glimmenden, von Weisheit beseelten und entzückten Luft. Er witterte sie in Hainen, in der Bläue des Himmels, inkarniert in dessen Lichtgelächel, er bestaunte sie auf liebestrunkenen und von der Heiterkeit entzückten Wegen. Aber hier? Wo ich gelandet bin? Kein zartes Entdecken einer verjüngenden Liebe. Nichts von alledem. Nur das Gefühl der Schwere, absurderweise einer körperlosen, die sich dem andächtigen Studium der Schönheit nicht hingeben kann, weil sie zu keinerlei Hingabe bereit ist. Es ist ja nichts und niemand da, den man anbeten könnte.

Verfluchtes Denken, hörst du denn gar nicht auf? Sie waren weg, ich hab es gemerkt, geben Sie es zu! Wo waren Sie? Haben Sie noch andere Beziehungen? Betrügen Sie mich?

Nein, nein, keine Sorge, ich bin noch da. Und andere Leute oder deren Stimmen gibt es offenbar nicht. Ich bin ja gottfroh, dass Sie da sind, ganz verlassen zu sein wäre ja noch furchtbarer.

Aber Sie waren weg. Ich habe Sie nicht mehr gehört. Sprechen Sie zu sich selbst? Dann flüchten Sie vor mir in sich hinein, jetzt, da der Tod uns nicht scheidet? Tote haben kein Inneres, sonst würden sie leben. Sie hängen noch am Leben, geben Sie es zu, und wollen's nicht lassen.

Ich muss zugeben, das stimmt. Aber ich hatte bei Ihnen auch schon mal den Eindruck, Sie wären ganz woanders. Von mir kann ich nur sagen, tot oder nicht ganz tot, es gibt manchmal ein inneres Gedankenfluten, das zwar auch in Sprache gefasst ist, aber sich nach außen hin nicht mitteilen kann, oder es nicht will. Vielleicht so etwas wie ein In-sich-Sein, dessen Sitz man früher in den Herzkammern vermutet hat. Darin treibt eine geheimnisvolle, vielleicht sogar böse Geborgenheit ihr Wesen, die man nicht preisgeben will.

Sehen Sie? Wir finden nicht zueinander. Solange jeder sein eigenes Ich sein will, bleiben wir unerlöst. Es reicht nicht, sein Herz zu öffnen, um es dann wieder zu verschließen. Das Herz muss sich verlieren, sich für immer selbst verlieren. Herz, das ist die Angst vor dem Nichts. Solange es schlägt, bindet sie uns ans Leben.

Das Herz kann sich nicht so einfach verlieren, von mir aus können Sie auch sagen: das Gehirn. Vorerst muss ich mich ja an das Leben gebunden fühlen, solange sich nichts Neues zeigt, was das vergangene Leben ersetzen könnte. Denn dieses eine Leben, das ich geführt habe, war ja angefüllt mit Sinn. Und aus diesem Sinn quellen die Worte heraus, mag sein, zuweilen aus einem verworrenen.

Als keineswegs verworren betrachte ich allerdings die Frage, ob ich dieses Leben wenigstens halbwegs im Sinne des Guten, im Sinne der Nächstenliebe, verbracht habe, ob ich uneigennützig an andere Menschen denken konnte und ihnen, wenn nötig, tatkräftig zur Seite gestanden habe. Im Falle meines Bruders habe ich das gewiss nicht getan, in anderen, allerdings weniger drastischen Fällen, auch nicht. Und diese Fälle, oder vielmehr die Szenen, in denen ich mich einfach von Menschen abgewandt habe, die meine Hilfe dringend hätten gebrauchen können, spielen sich jetzt in quälender Schärfe vor meinen Augen ab, in einer Wiederholungsschleife, wieder und immer wieder. Quälend. Als wäre das Gericht schon im Anmarsch, zumindest eine Vorhut davon. Als müsse ich das letzte Restchen Leiden selbst spüren, das diese Menschen einst selbst gespürt haben, als ich mich von ihnen entfernt habe. Früher war es mir gar nicht möglich, mich so intensiv in einen anderen Menschen hinein zu versetzen. Jetzt geschieht es mit bohrender Schärfe – ohne mein Zutun, einfach so. Ich kann es nicht verhindern, nicht beeinflussen, kann nicht in die Szene hineinspringen, um endlich die Worte zu sagen, die ich hätte sagen müssen, und meine Hand ausstrecken. Dann überfällt mich ein Gefühl der Beklemmung, die mich wissen lässt: Du warst nicht gut genug, deshalb wird es nie wieder gut.

Ich würde Ihnen gerne helfen. Nur, Toten helfen – wie? Reue gehört ins Leben, weil sie einen Menschen bessern kann. Schuld ist bloß ein totes Stück Blei in den zitternden Händen der Sterbenden. Lassen Sie's fallen, dieses pure Seelengift. Überlassen Sie den Begriff den Juristen. Schuld und Sühne, Sie wissen um die unkorrekte Übersetzung von Dostojewskis Romantitel? Bedenken Sie, was Sie erschaffen hat. Sie werden sagen Gott. Ich habe nichts dagegen, alles andere aufzuzählen, wäre unmöglich. Sie verschätzen sich, wenn Sie meinen, jemand anderer habe zwar Sie erschaffen, Sie selbst aber Ihr Leben. Was vorbei ist, ist vorbei. Allein die Gegenwart geschieht tatsächlich. Ehernes Gesetz, ihm hilft selbst der Tod nicht ab.

Wir sind sehr verschieden, das entnehme ich jeder Ihrer Äuße-rungen. Ihnen ist es offenbar gelungen, sich von Ihrem Leben zu verabschieden. Wissen Sie eigentlich überhaupt noch, wie Sie ge-heißen oder wo Sie gelebt haben? Oder wollen Sie einfach nicht daran erinnert werden, weil es Sie schmerzt, wissen es insgeheim aber schon? Sie erwähnten indirekt den alten Roman-Titel *Schuld und Sühne*. Ich fand die neue Übersetzung des Romans gerade-zu abscheulich schlecht. Ein fürchterliches Deutsch! Ich habe das Buch in der Übersetzung von Swetlana Geier in die Papiertonne geworfen. Der neue Titel *Verbrechen und Strafe* klingt nicht nur schlecht, er hat keinen griffigen Rhythmus, ist aber obendrein auch inhaltlich eine Katastrophe. *Schuld* ist ein ungleich komplexerer Begriff als *Verbrechen*. Dasselbe gilt für *Sühne* und *Strafe*. Die Gesellschaft straft, das Recht straft. Etwas sühnen kann man nur im Verein mit einer höheren Wesenheit, die anderes verlangt als das Menschenrecht und tiefer in die Seele greift als ein weltlicher Richter es kann. Dasselbe gilt für *Verbrechen*. Ein rein weltlicher Begriff. *Schuld* hat eine viel tiefere Dimension. Auch an diesem Punkt sind wir mal wieder ganz entschieden anderer Meinung.

Lieber schuldig sein als Verbrecherin, das ist verständlich. Ver-brechen ist absolut, Schuld relativ, sie besteht gegenüber jeman-dem und lässt sich abtragen. Eine tiefere Dimension? Schuld und Sühne? Rhythmisch klingt das schon, aber auch wie ein Trick, bei dem jemand etwas großes Dunkles pathetisch von der einen in die andere Tasche steckt. Ich wollte Sie auf weniger dramatische Weise erlösen, aber bitte, womit wollen Sie sühnen? Außer mei-ner Stimme und Ihrem Ohr ist nichts geblieben.

Womit ich sühnen könnte, weiß ich derzeit nicht. Vielleicht ist die Erinnerung an die eigenen Sünden, wenn sie schmerzhaft genug ist, schon so etwas wie die erste Etappe der Sühne. Eine Vorerfahrung, die ins Innere greift und uns vom Sockel der Erhabenheit stürzt. Was danach kommen mag, weiß ich nicht.

Aber … schauen Sie mal … ist das nicht … sehen Sie es auch? Da, da drüben! Sehen Sie? Jemand scheint vorüber zu schleichen, eher zu wallen, so … so … ohne Konturen. Jetzt ist es schon wieder vorbei. Könnten da vielleicht doch mehr Leute sein als wir, Tote, die schon länger da sind und allmählich wieder ein bisschen Form gewonnen haben?

Ich sehe nichts, nur Ihre Stimme höre ich. Was Sie wahrnehmen sind möglicherweise Dämonen, Ihre eigene, in Gesichter und Bewegungen verkleidete Bangigkeit. Schauen Sie nicht hin.

Ich kann aber gar nicht anders als hinschauen. Das ist so aufregend!

Vielleicht beunruhigt Sie meine Kaltschnäuzigkeit. Entschuldigen Sie. Schuld – tatsächlich vermag niemand zu leben ohne Distanzierung von sich von selbst. Sich zu entzweien in Blick und Erschautes, niemand vermag sich dieser Durchtrennung zu entziehen. Wir sind nicht bloß unser Tun, auch das Urteil darüber. Ich wollte Sie nicht verwirren, nur den Schmerz mildern, den Ihr Rückblick erzeugt. Sie scheinen diesen Schmerz als eine Art Entsühnung zu interpretieren, eine Beschwernis, die erleichtert. Ein Schmerz, der aufhört, indem man ihn empfindet? Lassen Sie uns über Heil und Heilung sprechen.

Jetzt sehe ich im Moment nichts Sonderbares mehr, trotzdem war's keine Einbildung! Aber nun zu Ihren Argumenten: Ein Mensch, in dem so etwas wie ein Gewissen pocht, besitzt tatsächlich ein Urteil über das, was er tut oder sträflicherweise sein lässt. Wenn auch ein schwaches. Und das unterscheidet uns von den Löwen, Krokodilen und Haifischen. Schon unsere noch recht wildlebenden Vorfahren kannten so etwas wie Sühne oder Gedenkopfer, wenn sie töteten. Zumindest waren sie bestrebt, vorsichtige Maßnahmen gegen eine mögliche Rache der Toten zu ergreifen. Christliche Schuldgefühle waren das sicher nicht, aber sich auf nicht recht begreifliche Weise schuldig zu fühlen, dazu waren sie durchaus imstande.

Es freut mich, dass Sie mir helfen wollen, meinen Schmerz zu lindern. Aber ich kann Ihnen versichern: nicht nötig. Mir macht viel mehr zu schaffen, dass Sie meine Glaubwürdigkeit anzweifeln. Wieder mal bin ich in Ihren Augen ein altes Tantchen, das seine Tassen nicht alle im Schrank hat. Es ist aber so, dass ich inzwischen schon wieder ein bisschen mehr wahrnehmen kann und vorüberhuschende Gestalten aus dem Dunst heraus erkenne. Also doch keine Einbildung!

Wenn Sie, was hier vorgeht, als meine eigenen Gespenster interpretieren, kränkt mich das. Ich war niemals verschroben, habe nie an Geister geglaubt. Aber ich sehe nun mal, was ich sehe! Jetzt schon wieder. Da huschen Gestalten vorüber! Ich vermute, es sind Seelen wie wir, vielleicht in einem anderen Zustand. Außerdem vernehme ich Ihre Stimme inzwischen mehr in meiner Nähe. Sie klingen fast so, als würden Sie neben mir sitzen. Jaja, spotten Sie nur darüber! Sie wollen bestimmt nicht neben dem Tantchen, das Sie verachten, auf einer Rentnerbank sitzen und über Gott und die Welt plaudern.

Der Weg zum Heil

Heil und Heilung – sie fängt den Ball nicht auf, den ich ihr zuwarf. In jedem fehlerhaften Menschen, der sich seiner Fehlerhaftigkeit anklagt, klafft eine Wunde, die der Heilung bedarf. Gertrud aber macht es sich leicht, indem sie die Sünden in große und kleine aufteilt. Kleine Sünden hat sie begangen, das schon. Sie bereut, aber die volle Wucht der Selbstbeschuldigung spürt sie nicht.

Wer Sünden einteilt in große und kleine, macht sich zum Richter in eigener Sache. Einst, als man durch die Stimme hoher Priester Gott zu hören glaubte, überließ man das Richten einer fremden, höheren Instanz. Im Zeitalter der Vernunft wird sich jeder selbst zum Beichtstuhl. Aber kann ein Mensch sich selbst bewerten? Welcher ist sein Maßstab? Der Maßstab seines Kulturkreises? Der Maßstab seiner Zeit?

Frau Gertrud Severin, treten Sie vor. Was Sie Ihrem Bruder angetan, war nicht kleiner Schnickschnack. Es war Verrat am eigenen Bruder. Und Verrat – Sie kennen den neunten Höllenkreis? Das ist der unterste, schlimmste, furchtbarste: Dort friert der Mensch ein. Er büßt allmählich jede Fähigkeit ein, sich zu bewegen, und erstarrt zum abschreckenden Beispiel.

Lieber keine Sündenregister führen, auch nicht das eigene. Ist es nicht moderne Anmaßung, wenn man meint, den eigenen Wert und tieferen Sinn seiner Existenz in einem absoluten Sinne bestimmen zu können? Welcher Mensch vermag alle späteren Folgen seines Handelns zu überblicken? Als Schachfigur in der Hand höherer Mächte empfand sich der antike Grieche. Gegen die Selbstgerechtigkeit jener, die gut zu handeln glaubten, revoltierte die Reformation. Was bedeutet Gnade? Dass Gerechtigkeit eine menschliche

Wunschvorstellung, keine Gottespflicht ist. Durch die eigene vollständige Nichtigkeit hindurch, sonst führt kein Weg zum Heil. Wer nach seinen eigenen Konturen forscht, wird nur Welt finden. Zu klein das Ich, zu groß seine Verstrickungen.

Die Frau, die zu mir spricht, glaubt selbst als Tote noch an jenen altägyptischen Mythos vom Totengericht, bei dem das frisch verstorbene Herz gegen die Feder der Maat gewogen wird. Unter der Waagschale kauert die Verschlingerin, ein schreckliches Wesen mit dem Kopf eines Krokodils, dem Hinterteil eines Nilpferdes und dem Rumpf eines Löwen. Gleich schnappt sie nach dem Herzen, denn was kann die Feder der Maat schon wiegen?

Und diese Frau wurde mir ins Ohr gesetzt. Ich verwirre sie, behauptet sie. Aber mich verwirrt sie noch mehr. Im Grunde glaubt sie an Gespenster, sie sieht sie sogar, und das, obwohl sie selber tot ist. Ich werde hier noch wahnsinnig. Wahnsinn im Totenreich? Wahnsinn im Wahnsinn.

Jetzt hören Sie mal. Ich muss mit Ihnen reden. So geht das nicht weiter. Halten Sie nicht Ausschau nach vorüberhuschenden Gestalten, die es nicht gibt. Sie müssen sich mit meinen Argumenten auseinandersetzen. Schwer vorzustellen, dass man uns zusammengeklebt hat, damit jeder vom anderen wieder wegstrebt. Was bedeutet für Sie Heil? Ist es erreichbar? Besteht es in vorüberhuschenden Gestalten oder ist die Seele unsichtbar?

Ich will mich ja mit Ihren Argumenten auseinandersetzen, sie sind triftig, ohne Zweifel. Vielleicht ist die Trennung zwischen

Blick und Erschautem als ein Sich-Entzweien so etwas wie die Grundlage unserer Verzweiflung, weil wir nicht einfach vollkommen ungestört vor uns hinleben können, ohne einen einzigen Gedanken an die intrikate, um nicht zu sagen: innerlich fressende Frage nach der Schuld hin- und herzuwälzen. Ich kann es jedenfalls nicht, erst recht nicht, da mich die nagende Frage umtreibt, was wohl mit uns geschehen mag. Nun, Sie mögen mir sofort etwas Scharfes entgegnen, im Grunde darf ich ja nur für mich selbst sprechen. Aber da wir nun mal in eine kuriose Art der Gemeinschaft geraten sind, spreche ich auch ein wenig im Sinne einer Zweiheit.

Nur auf einem Punkt muss, muss, ja *muss* ich mit aller Entschiedenheit beharren. Ich sehe tatsächlich Gestalten vorüberhuschen. Und ich erkenne mittlerweile sogar gewisse Einzelheiten etwas deutlicher. Wenn Sie diese vorbeitrudelnden Figurationen nicht erkennen können, heißt das noch lange nicht, dass mein verbliebenes Hirn – oder, besser gesagt: mein intelligibles Sensorium – mir etwas vorschwindelt, das nicht existiert. Womöglich unterstellen Sie mir, dass meine Erlösungssucht absurde Blüten treibt. Aber ich bin immer ein realistischer, gut geerdeter Mensch gewesen, meine Religiosität hat keine wundersüchtigen Blüten getrieben. Das Vertrauen auf Gott und Jesus Christus hatte keinerlei Proselyten machen wollende oder gar wundersüchtige Züge. Ich habe nicht verdrehten Auges zum Kreuz aufgeblickt, sondern mit einer inneren Scham über die Grausamkeit des menschlichen Handelns, auch meines eigenen. Es hat meinem Leben einen Sinn gegeben, mir erlaubt, zu hoffen, es ist nicht umsonst gewesen, dass Jesus für uns gestorben ist. Darin war auch die Aufforderung enthalten, mein böses Handeln und Denken zu erkennen.

Ich gebe zu, nun bin ich ratlos. Aber *aus und vorbei*, das stimmt ja nun offenkundig nicht, sonst könnten wir uns hier oben gar nicht zanken.

Was heißt *hier oben*? Hält der Tod die Zeit an, zerjagt er auch den Raum. Ein realistischer, gut geerdeter Mensch sind Sie wohl gewesen. Aber bitte, machen Sie endlich Schluss damit. Wir suchen Erlösung, nicht irdischen Halt. Wie wollen Sie in Gottes Reich eintreten? Durch Ihre Sinne? Dazu hätten wir nicht sterben müssen. Dass wir einander noch hören, beweist die Mangelhaftigkeit unserer Erlösung. Fangen Sie nicht an, auch noch sehen zu wollen. Bitte! Schluss mit Fleisch, völlige Vergeistigung!

Damit wir unserer geistigen Vereinigung endlich näher kommen, schlage ich Ihnen folgende Deutung der Kreuzigungsszene vor: Um die unüberwindbare Dualität von Gott und Mensch aufzuheben, vermenschlicht sich der unbeugsame jüdische Gott und zeigt dem Menschen, wie es umgekehrt geht: Göttliche Sphären erreicht, wer die Ungerechtigkeit und Schmerzen, die ihm seine Brüder so gerne zufügen, ähnlich tapfer und nachsichtig erträgt wie er, Jesus.

Ich gebe zu, das ist eine halsbrecherische Kurzinterpretation für ein breiteres Publikum. Gott gestorben, selbst Nietzsche könnte hier zustimmen. Aber gestorben für uns? Damit sind Sie doch einverstanden? Gott wollte *Beispiel* geben. Sünden erlassen, auch geerbte, könnte Gott, ohne selbst sterben zu müssen. Oder beharren Sie darauf?

Gut. In einem stimme ich Ihnen zu. In der empfohlenen Jesus-Nachfolge steht tatsächlich ein Mensch, der die ihm von anderen zugefügten Schmerzen verzeiht, auch wenn es ihm schwerfällt. Ob man damit gleich Göttlichkeit erreicht, möchte ich allerdings bezweifeln. Ich würde sagen – damit ist man der Erlösung einen bedeutenden Schritt näher gerückt. Aber dass es so ein einfaches Mir-nichts-dir-nichts-Erlassen von Sünden geben könnte, will mir nicht in den Kopf. Der Mensch muss bereit sein dafür, muss sich auf ungeahnte Weise für den Schmerz öffnen, um schließlich in Frieden und Freiheit unter göttlicher Obhut zu genesen.

So. Das ist das eine. Was mich aber wirklich wurmt, ist das Gerede, mit dem Sie mir absprechen wollen, ja, es für schlichten Nonsens erklären, dass ich an mir vorüberziehende Geschöpfe sehen kann. Ich sehe, was ich sehe. Punktum. Und es ist von allergrößter Bedeutung. Ich bilde es mir nicht ein. Und ich werde gewiss nicht ruhen, bis ich in Erfahrung gebracht habe, was es damit auf sich hat. Es bedeutet zumindest, dass ich nicht mit Ihnen allein auf weiter Himmelsflur abgestellt worden bin. Das wäre ja ohnehin absurd. Ich werde jetzt mal versuchen …

Halt! Bleiben Sie! Lassen Sie sich nicht ablenken. Vielleicht finden wir die Zusammengehörigkeit, derer wir beide so dringend bedürfen. Sie haben bemerkt, wie schwer ich mir tue mit dem Begriff der Sünde. Sie scheint er zu beruhigen, mich empört er. Stammt er nicht aus einer Zeit, in der man das Gewissen nur als dunkle, lauernde Gefahr verspürte? Eine Gefahr, vor der man Zuflucht suchte bei Priestern und guten Taten. Den Schmerz über die Entzweiung mit dem Ganzen wird der Mensch niemals überwinden. Er entsteht ihm durch seine Geburt. Sie nennen es Erbsünde, weil Sie sprachlicher Tradition mehr vertrauen als der Sprache Ihrer Mitmenschen. Gewiss, dieser Ur-Schmerz flackert immer wieder auf, als Biss des Gewissens, aber auch in jedem Moment stark empfundener Einsamkeit. Du gehörst nicht dazu, du bist nicht richtig – das sind die Sätze, die *heute* jenen Ur-Schmerz fühlen lassen. Du bist nicht, wer du bist – gibt es einen quälenderen Schmerz? Die Hölle sind wir selbst. Ein niemals klebbarer Riss, in keinem Raum, in keiner Zeit.

Was kann den Schmerz lindern? Die ferne Hoffnung auf eine Sündenvergebung durch Gott? Ich weiß: Was Sie meinen, ist dem, was ich sage, nicht so fern, wie es scheint. Aber muss man ewig so sprechen, wie einst gelehrt wurde? Auch das fördert die Einsamkeit. Sünde, Todsünde? Der Mensch quält sich selbst genug, bedarf er noch solcher Verängstigungen? Bedarf er noch göttlicher Strafe? Die Schrecken der Hölle finden Sie auf Erden. Hat ein Mensch nicht das Recht, im Tode auszuruhen?

Und ist es nicht merkwürdig, dass die Christen wie die alten Ägypter in einem Tod nach dem Tod nur ewige Verdammnis sehen wollen, während die östlichen Religionen von einem Nirwana schwärmen, in dem der ganze Seins-Quatsch endlich aufhört? Es ist nicht immer einfach zu durchschauen, inwiefern der Gegensatz der Meinungen nur auf einem Unterschied der gewählten Worte beruht. Aber lassen Sie es uns versuchen. Beschreiben Sie Ihr Inneres, alles Äußere ist nur Spiegel. Oder nein, bitte, schildern Sie, wen oder was Sie bei Ihren Erscheinungen sehen, damit ich Sie selbst besser erkenne.

Ich schwärme sicher nicht vom Nirwana, diese Vorstellung kam mir immer sonderbar, im Grunde albern vor. Mag sein, dass ich mich nicht gut genug auskenne, um diese Aussage zu untermauern. Aber ich bleibe lieber in meinem Kulturkreis, der höchst sublime und zugleich durchgeistigte, aber auch scharfe Antworten darauf gefunden hat, was uns nach dem Tod erwartet. Jedenfalls keine läppischen Spielchen eines nichtssagenden Wagalaweia-Geschmadders.

Ich pack's gern schärfer an! Einer meiner Lieblingssätze stammt aus dem Weihnachtsoratorium von Johann Sebastian

Bach: »Herr, wenn die stolzen Feinde schnauben.« Es ist nämlich keine Kleinigkeit, die Feindschaft zu dämpfen und eine kluge Differenz im Denken und Sprechen zu wahren, bevor sich alles in einem verantwortungsfreien Nichts auflöst.

Ich bin Ihnen aber dankbar dafür – auch im Sinne des Abbaus von Feindseligkeiten, die sich zwischen uns aufgebaut haben –, dass Sie mich nun doch fragen, was ich zu sehen vermag. Ich sehe die Gestalten inzwischen etwas genauer. Sie huschen des Weges, alle in eine Richtung. Das Ziel ihres Weges kann ich nicht erkennen. Einige sind größer als andere, als hätte sich etwas von ihrer früheren Körperform erhalten. Männer und Frauen vermag ich aber nicht zu unterscheiden. Es sind auch kleine Gestalten darunter, wahrscheinlich Kinder. Inzwischen glaube ich manchmal sogar, dass ich so etwas wie die Augen in den unscharfen Konturen der Gesichter erkennen kann. Aber da bin ich mir nicht sicher, ob das vielleicht doch auf Einbildung beruht. Und jetzt sind Sie bitte dran! Wer oder was mag das sein? Was könnte das für uns bedeuten?

Ich bin kein die Sterne deuten wollender Psychologe. Auch werde ich Ihnen niemals Feind sein, der mit schnaubender Wut droht. Schneidige Urteile verletzen gut genug: »Läppische Spielchen eines nichtssagenden Wagalaweia-Geschmadders«? Unterschätzen Sie bitte nicht die Gewalt der Begriffe. Was ist das Nasengebläse sämtlicher Stiere gegen den ewigen Kampf der Menschen um die richtige Bezeichnung? »Ewige Seligkeit«, »Paradies«, »Gottesnähe«, solche Begriffe schmaddern in vielen Ohren ähnlich nichtssagend wie »Nirwana« in den Ihren. Verwechseln Sie nicht den Inhalt eines Begriffs mit den Emotionen, die er auszulösen vermag. Religionen sind dazu verdammt, Unaussprechliches in Ritualen und Worten fühl- und hörbar werden zu lassen. Wie kann das dauerhaft gelingen, wenn die Deutung der Bilder und Worte sich von keiner zentralen Instanz mehr monopolisieren lässt? Religionen, die hierauf keine Antwort finden, drohen, im Modder der Geschichte zu versinken. Religionen sind historische Phänomene, Ewigkeit kommt allein dem zu, wovon sie zu sprechen versuchen.

Mancher hält solche Versuche für überflüssig. Ich nicht. Und doch: Dass es das Unaussprechliche gibt, liegt am Sprechen. Es setzt Grenzen, indem es sie zu überwinden scheint.

Stolze Feinde hören auf zu schnauben, sobald man sie zu loben beginnt. Ihre des Weges huschenden Gestalten mache ich mir gerne zu eigen, auch wenn ich sie nicht sehe. Vor den Gefahren bloßer Einbildung müssen wir uns nicht mehr schützen. Vorsprung aller Toten: Ist die Realität für immer entglitten, muss man sich vor ihr nicht mehr ängstigen. Psychologie hin oder her, wollen wir Ihre huschenden Gestalten nicht ebenfalls als läppische Spielchen eines nichtssagenden Wagalaweia-Geschmadders betrachten, kommen wir auch hier um Wagnis und Verpflichtung zur Deutung nicht herum. Was also fällt zwei frisch Verstorbenen ein zu folgenden Begriffen: Richtung, Kinder, Augen, Huschen?

Gut, dann wage ich eine Deutung. Wahrscheinlich handelt es sich bei den vorüberhuschenden Seelen um Menschen, die schon eine längere Zeit tot sind als wir beide. Da das Jüngste Gericht noch nicht stattgefunden hat, aber es vielleicht – wer weiß das schon – bald in Erscheinung treten wird, befinden sich diese Seelen in aufgescheuchtem Zustand. Es treibt sie ein innerer Furor in eine Richtung, vielleicht übt das Gericht eine gewaltige Anziehungskraft auf sie aus – wie es im Übrigen das Gericht in Franz Kafkas *Process* auch tut. Nur stelle ich mir im Unterschied zu Kafka das auf uns wartende Gericht nicht als ein dämonisches Possenspiel vor, das mit ungeheurer, aber zugleich für niemanden verständlicher Macht und Grausamkeit aufwartet. Ganz im Gegenteil. Ich denke an ein Gericht, das erleuchtet und bis in die letzten Buchstaben seiner mit Menschenaugen unlesbaren Paragraphen von Gerechtigkeit, Weisheit und Fürsorge durchdrungen ist.

Aber es kann auch verurteilen, dieses Gericht, und zwar hart. Ich stelle mir ein Gericht vor, dem die Macht gegeben ist, das Herz des Sünders erbeben zu lassen. Natürlich nicht in seinem auf der Erde verwesten Fleisch kann er die Qualen verspüren, sondern in einem neu erschaffenen transzendentalen Leib. Alles, was er schuldhaft an seinen Mitmenschen verübt hat und wofür er verantwortlich ist, weil er eine Wahl hatte, sich anders, freundlicher, verständnisvoller zu zeigen, kehrt sich nun gegen ihn und lässt ihn an seinem neuen, überaus empfindlichen Leib die Schmerzen spüren, die andere durch sein Tun und Reden erlitten haben. Der alte Vergleich, man fühle seine Schmerzen so stark, als würde ein Messer im eigenen Leib herumwühlen, hat mich immer überzeugt. Da ist eine göttlich inspirierte Wühlarbeit im Gange, die das Unterste zuoberst kehrt und vice versa.

Sie sehen: Auf ein teigiges, allumfassendes Entschuldigungsmanöver pfeife ich! Sonst wären die größten Menschenschlächter, von denen das vergangene Jahrhundert eine furchterregende Anzahl an die Macht gehievt hat, einfach so, mir nichts, dir nichts, von aller Schuld befreit und dürften sich an der Schönheit und Wonne der Erlösung laben. Sollte es entgegen meiner Erwartung tatsächlich so kommen, werde ich auf meine jenseitigen Tage noch zur Religionsverächterin. Dann bitte – ab mit mir in die Hölle! Seit an Seit mit Völkermördern und Massenschlächtern will ich nicht im himmlischen Gefild lustwandeln. Das wäre ein obszöner Alptraum.

Ui! Für eine tote alte Tante hegen Sie noch sehr lebendige, geradezu mädchenhaft-übermütige Vorstellungen von dem, was Ihren sündigen Mitmenschen zu widerfahren hat. Was treibt Sie an, innerlich Schwachen auch noch ewigen Schmerz in die Eingeweide zu wünschen? Solche Missachtung christlicher Nächstenliebe lässt mich um Ihre eigene Zukunft fürchten. Sie selbst aber scheinen einen Showdown mit Gott nicht zu fürchten.

Aus welchem Loch strömt Ihnen diese Kraft eines wütenden Racheengels zu? Wäre ich Ihnen übel gesonnen, fiele es mir leicht, das Rätsel zu lösen: Ihnen selbst bereitete es im Leben Mühe, ein guter Mensch zu sein. Für diese Mühe erwarten Sie nun ausreichende Belohnung. Alles andere wäre teuflischer Betrug. Ich bin Ihnen nicht übel gesonnen. Allerdings möchte ich Sie auch verstehen. Die Allmacht Gottes preisen, ihm aber das freie Gnadenrecht vorzuenthalten, erkennen Sie da keinen Widerspruch? Ihre Sehnsucht nach Gerechtigkeit vermag ich zu verstehen. Doch ist nicht auch die Sehnsucht eine Sucht?

Oder nein. Lassen wir einmal alle Psychologie beiseite, allzu leicht verstellt sie den Blick auf tiefere Zusammenhänge. Höre ich Ihre Stimme, verstehe ich folgendes: Unterschiede müssen Unterschiede bleiben. Lassen wir also Gott und Freud beiseite, sprechen wir über die Natur des Unterschieds – ein Thema, das überall zu kurz kommt, sogar nach dem Tod, obgleich es gerade dann am interessantesten wird. Womöglich beruht die menschliche Existenz auf der Fähigkeit zu unterscheiden. Stellen Sie sich vor, Sie unterließen es. Was würden Sie noch wahrnehmen? Einen endlosen Brummton, eine unübersehbare graue Fläche? Aber nein, endlos, Brummton, grau, Fläche – hörten wir auf mit dem Unterscheiden, blieben nur Nichts und Tod. Oh nein, nicht einmal das, denn Nichts und Tod bestehen allein aus ihrem Unterschied zu Sein und Leben.

Es scheint schwer, auf das Unterscheiden zu verzichten. Also lassen Sie uns bei ihm bleiben. Sie sprachen von Prozess und einem »Gericht, das erleuchtet und bis in die letzten Buchstaben seiner mit Menschenaugen unlesbaren Paragraphen von Gerechtigkeit, Weisheit und Fürsorge durchdrungen ist«. Was, wenn sich unter diesen unlesbaren Paragraphen auch folgender befände: Zu seinen Lebezeiten hat sich der Mensch einzubilden, ein vollgültiges In-dividuum zu sein, etwas Unteilbares also, das für sein Handeln die komplette Verantwortung trägt. Im Falle seines Todes aber umfängt ihn Gottes ganze Liebe, denn er ist, falls nicht sein eigener Sohn, dann doch jedenfalls sein Geschöpf.

Strafe

Irgendwie muss ich ihm ja recht geben, auch weil er mir inzwischen viel sympathischer ist als anfangs. Mit seiner Vorstellung einer unbegreiflich umfangenden Gottesliebe hat er vielleicht ein klein bisschen recht, aber nur ein sehr kleines Bisschen. Wie soll man sich die Gottesliebe denn denken angesichts der großen Menschenschlächter des 20. Jahrhunderts? Sollen die wirklich einfach so davonkommen? Gibt es denn nicht den geballten Ernst der Verantwortung, die ein Mensch zu tragen hat? Natürlich werden viele, allzu viele in schreckliche Verhältnisse hineingeboren, in denen ihnen nicht beigebracht wird, zwischen Recht und Unrecht zu unterscheiden, wo sie vielleicht lernen könnten, die eigenen gewalttätig triebschüssigen Rachegelüste zu erkennen. Trotzdem kann auch ein extrem gehudelter Mensch so etwas wie eine Ahnung entwickeln, was böse ist und was gut. Und auch die allerschlimmsten Sadisten und Menschheitsverbrecher sind nicht unbedingt in urbösen Verhältnissen aufgewachsen: Hitler nicht, Goebbels trotz Klumpfuß nicht, Göring nicht, Stalin nicht, Mao Tse-tung nicht.

Vergebung für alle, einfach so, ohne den stechenden Zwang zur Erkenntnis durch ein friedvoll beruhigendes Umfangensein von Gott – das kann und will ich mir nicht vorstellen. Da landet man in einer teigig unverantwortlichen Wischiwaschi-Theologie, die in mir schon immer Übelkeit erregt hat. Niemand wird dann mehr zur Rechenschaft gezogen, jedermann wird einfach alles verziehen. Und was bitte sehr ist dann mit den Gefolterten, den bis aufs Blut Gepeinigten, den massenhaft Vergasten in den deutschen KZs, den Verhungerten in

Stalins Lagern, den Millionen Getöteter unter Mao Tse-tung? Was mit den schrecklichen Taten der weißen Haudegen und Kolonisatoren, die in Afrika und Asien gewütet haben und ebenfalls vor keiner Grausamkeit zurückschreckten? Was mit schwarzen Satrapen à la Idi Amin, die später ganz nach dem Vorbild ihrer ehemaligen weißen Peiniger die eigenen Landsleute auf schreckliche Weise verstümmelten und in den Tod trieben?

Ein allzu bequemer, lieblicher Gottesdusel kann da nicht helfen. Er wirkt wie die obszöne Antwort auf unvorstellbare Qualen, die Menschen von ihren Mitmenschen zugefügt wurden und noch immer werden. Natürlich stelle ich mir vor, dass Gott anders richtet, als wir Menschen es vermögen. ER allein hat den durchdringenden Rundumblick auf das Wesen und die Wirkfolgen der Taten eines Menschen. ER richtet gerechter unter Berücksichtigung aller Umstände und Zwangslagen eines menschlichen Lebens, als es ein kluger Richter in unserer weltlichen Gemeinschaft leisten kann. Jesus Christus mag dabei ein gutes Wort für uns einlegen, Maria mag – zumindest im Erwartungshorizont eines Katholiken – hilfreich sein. Fürsprecher hat ein Mensch vor Gott sicher bitter nötig. Jeder von uns.

Gut möglich, dass ich mich zu sehr in die Erwartung eines großen Straftheaters, das auf uns wartet, verbissen habe. Es kann kein Zufall sein, dass mir Dante Alighieris *Divina Commedia* überaus imponiert hat. Zwar kann man einige der Strafen, mit denen die Bewohner seiner Hölle auf immer und ewig gepeinigt werden, nicht mehr zu hundert Prozent akzeptieren, weil sich unser Verständnis von Sünde im Lauf der Jahrhunderte hat wandeln müssen. Aber bezüglich der Hauptlaster – Habgier, Mordlust, Geiz, Verrat – hat sich das, was wir darunter verstehen, nicht so sehr gewandelt, dass wir ihm im Großen und Ganzen nicht beipflichten könnten. Ich tue es jedenfalls.

Einverstanden mit dem, was Sie gesagt haben, so ziemlich jedenfalls. Sprechen wir vom Gericht und vom Unterscheiden, auf das wir nun mal nicht verzichten können, so lange unser Denkvermögen intakt ist. Dazu hätte ich allerdings eine Bitte: Könnten Sie mir vielleicht Ihren Namen verraten? Mir wäre sehr geholfen, unter der Namenshaft einen neuen Eindruck von Ihnen zu gewinnen. Ich will Sie nicht drängen, vielleicht ist Ihnen das zuwider, weil Sie rein gar nichts mehr mit Ihrem vergangenen Leben zu tun haben wollen. Aber die Worte, mit denen wir uns verständigen, die Gedanken, die jeder von uns für sich hegt, sie sind auf intrikate Weise mit unseren früheren Leben verbunden, deshalb scheint es mir angemessen, Sie nach Ihrem Namen zu fragen, wobei ich mir nicht erlauben würde, auf nassforsche Weise in Sie zu dringen, um Sie über Ihr früheres Leben auszuhorchen. Sie könnten mir den Namen auch verraten, ohne mir zu erlauben, Sie damit anzusprechen.

Mein Name? Ich fürchte, er ist das Erste, was der Tod mir genommen hat. Ist auch nicht wichtig, unsere Gedanken sprechen deutlicher von uns, als Namen es könnten. Mit Völkermördern und Massenschlächtern, sagten Sie, wollen Sie nicht lustwandeln. Die Gefahr ist gering, denn deren Zahl ist überschaubar angesichts der Menschenmassen, die je gelebt haben. Wollen Sie diesen Extremfällen dennoch eine zentrale Rolle einräumen in Ihrer Deutung dessen, was Sie ihr Verhältnis zu Gott nennen? Bedenken Sie, auch der böseste Mensch ist noch Mensch. Böse sind Handlungen, aber Handlungen allein machen noch keinen Menschen aus. Verwechseln Sie nicht das Verbum mit dem Substantiv, die Akzidenz mit der Substanz, das Zeichen mit dem Bezeichneten. Sie töten das Lebendige, indem Sie seine Wandelbarkeit verneinen.

Und ist nicht gerade dies der Kern christlicher Botschaft, dass auch der Sünder Mensch und Ebenbild Gottes ist? Der Zöllner, Maria Magdalena, das Gleichnis vom verlorenen Sohn – wäre Gott nur gerecht, sonst nichts, wo bliebe Platz für den Menschen? Verzeiht und vergeltet nicht, mit dieser unerhörten Botschaft hat Jesus Christus welthistorischen Widerhall gefunden. Fallen wir nicht dahinter zurück aus Angst um uns selbst.

Unterschied muss Unterschied bleiben – diese Forderung erscheint wie ein Rettungsreifen auf jenem Meer der Beliebigkeit, in dem wir, um uns schlagend, nach Luft schnappen. Aber dieses Meer ist Gottesreich, ein Reich der Freiheit und des Denkens, in dem wir nur noch nicht sicher zu schwimmen gelernt haben. Wer vom Baum der Erkenntnis nur bissweise genascht, den lässt die Verwirrung leicht aus dem Paradies torkeln. Wollen wir nach Hause finden, müssen wir uns erlösen aus unserer Zweiheit Zwist. Fragen Sie nicht nach Namen. Werfen Sie ab die Ketten des Gewesenen. Nennen Sie mich *du*.

Das Vertrauen erweckende *du* nehme ich gern auf. Du also, mein nicht allzu weit entfernter – tja, wie soll ich dich nennen: vielleicht *Jenseitsgefährte?* Natürlich ist das Verzeihen, um das wir uns mühen sollen, wesentlich. Daran erinnerst du sehr zu Recht – denn es heißt ja auch: *Richtet nicht, auf dass ihr nicht gerichtet werdet.* Das ist wahr und schön und außerdem unabdingbar für ein gedeihliches und einigermaßen friedvolles Zusammenleben. Allerdings gibt es Verbrechen, die sind so schwindelerregend schrecklich, dass sie für ein nachbarschaftliches oder normalmenschliches Verzeihen nicht in Frage kommen. Völkermord, Massenmord, das ist etwas ganz anderes als ein individuelles Verbrechen, und sei dieses noch so widerwärtig. Ich kann mich jetzt nicht mehr als gottgleiche Richterin oder Rächerin aufführen. Doch die entsetzlichen Leiden der Opfer lassen mir keine Ruhe: Sollen die etwa heiteren Sinnes neben einem Hitler oder Stalin sitzen und ihm brav das Knie tätscheln? Ich weiß, ich weiß, du brauchst dich nicht gleich wieder zu mopsen – meine Vorstellung von Gerechtigkeit hat etwas Menschliches, Allzumenschliches. Vielleicht ist sie naiv.

Hitlers verbranntes und zerstaubtes Knie muss niemand mehr tätscheln. Deine Befürchtung dient dir nur als Bild für die Frage: Wohin mit all dem Schmerz und der Wut, wenn ich mich dem, was sie verursacht hat, plötzlich so nahe fühle wie meiner eigenen Hand? Und ich die wahre Ur-Sache aller Ursachen, den tiefsten Grund allen Leides erkenne als das, dem ich bisher so blind vertraute? Nicht Kaiphas, Pilatus, die Soldaten, das lynchbereite Volk – der eigene Vater nagelt den Sohn grausam ans Kreuz.

Hitlers getätscheltes Knie und der gekreuzigte Gottessohn in einem Atemzug? Ja, denn eines betrifft beide: Eine immerwährende Bedeutung kann vergangenes Geschehen nur in der Form des Gleichnisses beanspruchen. Alles Vergängliche, behauptet Goethe, sei nur ein Gleichnis. Auch du und ich? Gleichnis wofür und für wen? Wüssten wir es, begriffen wir vielleicht, was das heißt: unvergänglich. Lass uns darüber nachdenken. Wer sind wir jenseits unseres vergangenen Lebens? Unseres Lebens tiefere Bedeutung, seine Quintessenz, ist es das, was wir nach dem Tode sind?

In Wirklichkeit liegt vermutlich in diesem »ist« und »sind« unser ganzes Geheimnis. Dir ist der Unterschied so wichtig und das Festhalten an ihm. Ich aber denke, dass alles Erkennen im Gleichsetzen des zuvor Unterschiedenen besteht. »Bin«, »ist«, »sind« – unsere Sätze enthalten dieses Wagnis, etwas eben noch Unterschiedenes gleichzusetzen: Ich und du »sind« Wir. Doch wir erkennen es nur, wir sind es noch nicht. Wie werden wir es?

Was du zuletzt gesagt hast, imponiert mir. Jedenfalls gibt es mir zu denken, obwohl ich momentan keine rechte Anknüpfung daran finde. Nur in einem muss ich dir entschieden widersprechen. Nicht der eigene Vater nagelt den Sohn ans Kreuz, das ist ein zutiefst blasphemischer Gedanke! In der Trinität ist ja die Dreiheit von Vater, Sohn und Heiligem Geist als zueinander gehörig, sogar ineinander verschränkt aufgehoben. Es ist eben nicht irgendein Sohn, der da am Kreuz stirbt, in Jesu Leib ist ja die gottväterliche Substanz enthalten. Gott selbst ist im leidenden Gewirk enthalten, das die Folter dieser furchtbaren Kreuzigung mit sich bringt. Es ist ja geradezu fundamental für die Auffassung eines Christen, dass Gott selbst sich dem Schmerz auf ungeheuerliche Weise öffnet, um die Leiden der Menschen besser zu verstehen. Aus christlicher Sicht ist das wesentlich. Du musst dich dieser Sichtweise nicht anschließen, wenn du dieser Religion nicht angehören willst! Aber du solltest nicht missachten, was das Geschehen der Kreuzigung für einen Christen bedeutet – eben die ungeheuerliche Vorstellung, dass Gott sich selbst in Gestalt seines Sohnes aus freiem Willen dem Leiden ausliefert. Das ist einzigartig und ungeheuerlich.

(Pause)... Gerade hat sich mir eine der huschenden Gestalten etwas genähert, es kommt mir so vor, als verbleibe sie in einer wartenden Haltung und wolle mit uns sprechen ...

Ich sehe nichts, höre niemanden außer dir und fürchte, dich zu verlieren an fremde Gestalten und Einflüsterungen. Wir sterben weder allein noch zu zweit, ich weiß, aber vielleicht bleibt genug Zeit, um uns selbst zu begreifen, mich und dich, bevor wir uns in anderen verlieren.

Nenne mich blasphemisch, wenn meine Formulierungen nicht dem von dir verinnerlichten Kanon der Begriffe entsprechen. Das Bezeichnete zählt, nicht Bezeichnungen. Wenn du das Geheimnis der Trinität verehrst, sollte dir auch in anderen Fällen die Überwindung deines eigenen Unterscheidens leicht werden. Etwa in diesem: Gott sei gerecht, dies ist unumstößlicher Teil deiner religiösen Überzeugung. Gott und Gerechtigkeit, wenn du diese beiden Begriffe benutzt, unterscheidest du sie bereits voneinander, wie du es auch sonst machst mit Begriffen wie Vater und Sohn, Geist und Körper, Leben und Tod. Indem du nun aber aus dem einen Begriff eine Forderung machst oder ein Adjektiv, fügst du sie wieder zusammen: Gott sei gerecht, der gerechte Gott. Nur: Du schaffst ein Ungleichgewicht zwischen den beiden Begriffen, indem du den einen zum Substantiv und Subjekt erwählst, während du dem anderen eine dienerhafte Rolle als bloßes Prädikativ zuweist. Aber wie das so ist mit dem, was man herabwürdigt, es rächt sich, indem es die Rollen verkehrt: Ein Gott, der gerecht ist, verliert seine Allmacht, er ist gebunden an seine eigenen Regeln. Und so wird aus dem gerechten Gott eine göttliche Gerechtigkeit. Es droht dir also, dass du die Gerechtigkeit anbetest, nicht Gott, der als freies Subjekt doch eigentlich alles sein dürfte, auch ungerecht.

Wie sich aus diesem Dilemma befreien? Indem du etwas Drittes erkennst, in dem sich dieser unüberwindliche Widerspruch löst: einen heiligen Geist. Er ist die Erleuchtung, die dich aus allen selbst geschaffenen Widersprüchen befreit. Er ist gewissermaßen deine eigene heilige, mit Gott verbindende Tätigkeit.

Der Begriff »Gott« verträgt, nimmst du ihn ernst, eigentlich keine prädikative Zuweisung. Dies hat man schon in der Antike erkannt, als sich die christliche Theologie als eine Art Amalgam aus jüdischem Monotheismus und griechischer Philosophie historisch entwickelte. Es entstand dabei auch die sogenannte »negative Theologie«, die sich aller prädikativen Aussagen über Gott enthält. An diese negative Theologie knüpften später fast sämtliche Bestrebungen christlicher Mystik an. Und heutzutage – ich meine Wittgenstein oder andere, man muss ja nicht religiös sein, um zu behaupten, Unsagbares sei unsagbar. Es leuchtet ein. Aber die damals zugleich entstehende Kirche, eine weltliche Einrichtung mit dem Anspruch, den göttlichen Willen erkennen zu können, wie ein Einzelner oder eine bloße Gruppe es niemals könnten, vermochte sich naturgemäß prädikativer Aussagen über Gott nicht zu enthalten. Um den eigenen Anspruch verwirklichen zu können, musste die Kirche allem Sprechen von Gott theologische Grenzen ziehen, Grenzen, die manchen unruhigen, aber auch manchen wachen Geist verstummen ließen oder grausam zum Schweigen brachten.

Bitte entschuldige, meine allzu gelehrt und trocken klingenden Ausführungen dienten nur dazu – hallo, bist du noch da? Also es geht mir eigentlich darum, dass wir einander besser verstehen. Ich verzichte gerne auf meine Position, ich brauch sie nicht, sie soll nur ein Ausgangspunkt sein. Du bist doch noch da? Ich hör dich nicht, vielleicht denkst du bloß nach. Aber vielleicht hat sich dir auch eine dieser huschenden Gestalten ins Ohr gesetzt, um dich mich nicht mehr hören zu lassen. Das wäre wirklich schlecht für uns beide, wir waren jetzt schon ganz nah beisammen. Völlig allein – wie soll ich mich erlösen von meinem Ich ohne das deine? Wir wollten es doch zusammen machen, und wenn ich nun etwas abgeschweift bin – ich meine, wir brauchen keine Kirchengeschichte, wir können auch nur einfach beten, singen, was immer du willst, nur sag endlich wieder was. Falls du doch noch da bist, mich hörst und nur lieber schweigst wegen dieser negativen Theologie oder aus sonst irgendeinem Grund – also mein ganzes Reden, vielleicht war es auch nur Gerede, also mein Reden sollte eigentlich nur dazu führen, dass wir erkennen, was in unserem Fall dieses rettende Dritte sein könnte. Gott, Sohn und Heiliger Geist, das ist jetzt klar. Aber Tod, Leben und – ja was? Das ist meine Frage. Verstehst du? Wiederauferstehung willst du vielleicht sagen oder Strafgericht, du darfst es ruhig sagen, sag, was du willst, nur sag endlich wieder was. Hörst du? Verdammt! Du kannst mich doch nicht verlassen. Wozu waren wir dann überhaupt zusammen? Oder hat man dich gekidnappt? Verdammt! Jetzt will ich aber endlich einen Bescheid haben. Was ist los? Wie geht es weiter?

Keine Sorge, reg dich nicht auf, ich bin noch da, war aber ziemlich abgelenkt, konnte mich nicht darauf konzentrieren, was du gerade gesagt hast. Stell dir bitte vor, eine der Gestalten, die ich schon eine ganze Zeitlang beobachte, hat sich mir genähert, steht jetzt da und scheint irgendwas von mir zu wollen. Kannst du sie immer noch nicht sehen? Ich sehe sie jetzt deutlicher. Es könnte ein Mann sein. Was der wohl von mir will? Versuch doch mal, genauer hinzuschauen, vielleicht siehst du ihn auch.

Ich sehe nichts, will es auch gar nicht, da ich meinen Sinnen misstraue.

Nur immer misstrauisch sein, das bringt nichts. Aber ich lasse mich von dir nicht beirren und werde versuchen, Kontakt aufzunehmen ...

… Darf ich fragen, wer Sie sind? Ich kann Sie leider nicht allzu genau erkennen, aber es kommt mir so vor, als ob Sie ein Mann wären – vielleicht liege ich da falsch – vielleicht sollte es besser heißen, ein Mann gewesen wären?

Ja, das war ich.

Ich kann Sie nur sehr schwach hören, Sie waren oder sind also ein Mann? Wie heißen Sie? Und wie lange sind Sie denn schon hier oben?

Schon lange.

Können Sie mir sagen, wohin sich all die huschenden Gestalten hinbewegen?

Wir suchen den Eingang. Auch ich bin auf der Suche …

Halt! Bitte warten Sie, ich möchte Sie noch so gerne etwas fragen …

Schade! Schon ist er wieder weg. Ist doch aufregend, nicht? Hast du was von unserem Gespräch mitbekommen?

Ja. Es war so aufregend wie eine spiritistische Sitzung.

Na, jetzt übertreib mal nicht mit deinem Ärger. Ich sehe, was ich sehe, und du hörst wenigstens etwas davon. Also tu's bitte nicht mehr als meine Phantastereien ab.

Du hast ja irgendwie damit recht, dass allzu präzise Aussagen über Gott wohl eher dem Wunschdenken der Menschen entsprechen. Dass Gott Gott ist und wir Ihn nicht mit Prädikaten schmücken sollten, kann ich ja noch einigermaßen verstehen, weil es einem eher kindlichen Denken entspricht. Aber dass Seiner Macht Gerechtigkeit entströmt, von der Vorstellung kann ich mich nicht verabschieden. Ich denke sie mir allerdings ungleich subtiler als die Gerechtigkeit, die von Menschen ausgeht. Wenn wir rund um das Wirken Gottes alles offen halten, ob er nun Gerechtigkeit übt oder nicht, ob er sich für den Menschen überhaupt interessiert oder nicht, dann gerät alles ins Schwimmen. Das Vertrauen auf die Erlösung ist ja hier oben mit ganz neuen Einsichten in unser vergangenes Leben verbunden. Und das kann nur geschehen, wenn wir an einer von Gott ausgesandten Erleuchtung teilhaben. Es ist einfach nur menschlich, wenn wir Gott mit dem Prädikat *gerecht* versehen. Wir sehnen uns nach einer göttlich durchblendeten Gerechtigkeit, die unser Wesen und unsere Verstrickungen tiefer erfasst, als ein Menschengericht es kann. Im Guten wie im Schlechten. Dass die christliche Mystik bezüglich adjektiver Zuschreibungen im Zusammenhang mit Gott strikte Enthaltsamkeit übte, ist sicher löblich, weil sie reinigend wirkt. Allzu dicker Menschenschmutz sollte unsere Vorstellung von Gott nicht verkleben. Eine ganz und gar reinigende Konsequenz der Abstraktion ist aber in einer normalen Kirchenpraxis nicht vorstellbar. Erst recht nicht, wenn man sich vor Augen hält, wie sich Gott in Gestalt seines Sohnes einem unvorstellbaren Leiden ausgeliefert hat.

Es geht im Grunde um das Gebot, sich von Gott kein Bild zu machen. Im Großen und Ganzen ist das wichtig und stellt eine Besonderheit dar, indem man Gott damit von der Vielzahl an Göttern abgrenzt, die in früheren Jahrhunderten den mediterranen Raum besetzt hielten. Aber will man deshalb das Hauptfresko eines Michelangelo in der Sixtinischen Kapelle, in der

Adams und Gottes Arm zueinander ausgestreckt sind und sich die Fingerspitzen beider fast berühren, wegschlagen oder übermalen? Wir müssen lernen, diese Widersprüche auszuhalten, ohne uns mit geblähtem Segel der Rechthaberei auf die Seite der absoluten Reinheit zu schlagen.

Was die huschenden Figuren anlangt, kann ich dir nur versichern: Das Floaten und Getreibe geht weiter, ich würde sehr gern genau erkennen, was da genau vor sich geht. Aber sobald ich mich darauf konzentriere, fangen die Konturen wieder an, zu verschwimmen. Sollte noch eine der Seelen innehalten, werde ich versuchen, sie wieder anzusprechen. Ich denke, diese Huschwesen sind schon länger hier und wissen mehr als wir – oder zumindest mehr als ich. Was es mit unserem Verbleib hier auf sich hat, willst du darüber denn gar nichts in Erfahrung bringen?

Deine Stimme ist mir erst einmal genug als Erfahrung. Ich muss sie noch verarbeiten. Sieh mal, ich ging davon aus, dass ich tot bin, richtig tot. Da hörte ich deine Stimme. Ich hielt sie für Betrug. Und da sie nicht verstummen wollte, habe ich mir folgende Erklärung ausgedacht: Ich befinde mich in einem Zwischenstadium, einer Art Fegefeuer. Entschuldige meine Offenheit, aber: Du verkörperst meine Qualen. Das Fegefeuer ist der leidende Mensch, er büßt für seine mühevoll erreichte Individuation – bis er endlich bereit ist, auf sie wieder zu verzichten. Bis dahin martern ihn die Individualitäten seiner Mitmenschen.

Verstehst du, was ich meine? Der Einzelne will etwas Besonderes sein, aber nicht einzeln. Nur, er wird seine Einzelheit nie überwinden, wenn er nicht auf sich selbst verzichtet. Was ich suche, könntest du als Vereinigung mit Gott bezeichnen. Du dagegen wünschst dir ein geselliges Zusammensein mit netten, interessanten Leuten. Ich weiß nicht, was uns beide zusammengeführt hat, jetzt noch, nachdem wir gestorben sind. Aber auf kuriose Weise gibt das alles Sinn: Unsere Unterschiedlichkeit ist unser Fegefeuer, aus dem wir uns nur erlösen können, indem wir sie aufgeben. Was ist diese Aufgabe anderes als die Liebe? Wir müssen einander lieben! Anders ist die Vereinigung mit Gott nicht zu erreichen. Aber wie, zum Teufel, soll ich dich lieben, wenn du nun auch noch ständig fremde Gäste einladen willst?

Husch!

So anstrengend habe ich mir die Vereinigung mit Gott nicht vorgestellt. Ich muss es sagen: Unter solchen Umständen fällt mir der Verzicht auf mich schwer. Diese Frau hat die Neigung, sich immer alles gleich als direkt vor ihr daseiend vorzustellen. Lust an der reinen spekulativen Erkenntnis? Nein! Faszination durch die Widersprüchlichkeit unserer eigenen Gedanken? Nein! Es soll *so* sein oder *so*. Am besten so klar und eindeutig, dass man es auch noch anfassen kann. Die Sinne sind ihr alles, bloße Gedanken gelten ihr wenig – wie könnte da der Tod Tod sein? Ein Toter hat keine Sinne. Die Sinne gehören dem Körper an. Im Leben sind sie uns Öffnung zur Welt. Im Tode aber wären sie, was sie in Wirklichkeit sind: Mauern, die die Wahrnehmung unseres Einssein mit dem Ganzen verhindern.

Auch das Denken setzt der Wahrnehmung alles Ganzen Grenzen, indem es das Ganze in Begriffe zerstückt. Da es sich aber zugleich um den Zusammenhang des Zerstückten bemüht, ist das Denken einer bloß sinnlichen Wahrnehmung stets überlegen. Huschende Gestalten, die einem irgendetwas zuflüstern – darin soll unser Tod bestehen? Ich bitte Sie. Solche Geistermärchen sind etwas für Kinder und abergläubische Tanten, die sich jeden komplexeren Gedanken in Alltagserfahrung verwandeln müssen, bevor sie das Gefühl überkommt, sie hätten etwas begriffen.

Huschende Gestalten – was meint sie damit? Diesen Widerspruch, dass etwas Gestalt hat und doch nur ein Husch ist. Dass etwas ist und zugleich nicht ist, diese Erfahrung ist einem nachdenklichen, geistig geübten Menschen so geläufig, dass er darin kein Gespenst sehen muss. Ein solcher Widerspruch ist uns auch der Begriff *Seele*. Ein bisschen Geist, ein bisschen Körper, in jedem Fall huschend, so unsere Vorstellung von der Seele. Benötigen wir diese Art von Vorstellungen? Warum nicht einsehen, dass wir da bloß etwas zusammenbringen wollen, was wir zuvor gedanklich zerstückt haben? Metzger, die ihr Hackfleisch wieder zusammennähen möchten, das sind wir, wenn wir uns Gott vorstellen wollen.

Aber was soll's? Ihre Stimme flüstert mir in mein verlorenes Ohr: Entweder es gelingt dir, mich zu überzeugen, oder ich hab recht. Die Liebe ist ein schwieriges Ding, auch unter frisch Verstorbenen.

Also gut, Gertrud, jetzt sag ich mal so: Eine ganz und gar reinigende Konsequenz der Abstraktion ist in einer normalen Kirchenpraxis nicht vorstellbar, da hast du völlig recht. Aber unser beider Zustand lässt keine normale Kirchenpraxis mehr zu. Dem Tod kann man sich, sobald er eingetreten ist, nur mehr gedanklich annähern. Sollten einem bei dieser Annäherung noch huschende Wesen entgegenkommen, mag man ihre Flüstereien durchaus ernst nehmen. Aber um deren tieferen Sinn zu erschließen, bleibt einem nichts anderes als die ganz und gar reinigende Konsequenz der Abstraktion. Wärst du mit dieser Sicht auf unsere Situation einverstanden?

Abstraktion mag ja gut und schön sein, aber was soll ich jetzt damit? Wenn ich Figuren sehe? Und sogar mit einer von ihnen sprechen kann? Wir haben uns doch gefragt, weshalb wir beide allein sind. Welchen Zweck das wohl haben mag. Warum sollten wir die Einzigen sein, die hier anzutreffen sind und die miteinander reden können? Das Gespräch mit der einen Seele, das ich gerade geführt habe, war leider nicht sonderlich ergiebig. Aber vielleicht gelingt es mir, von anderen Seelen mehr zu erfahren. Sie sind ja offenkundig schon länger hier als wir. Ihr Wissen könnte doch aufschlussreich sein für uns beide. Dich interessiert es offenkundig nicht, es stört dich sogar. Was ich merkwürdig finde. Nichts in Erfahrung bringen zu wollen in einer so extremen Situation, in der wir uns befinden, ja, in der wir regelrecht gefangen sind, das will mir einfach nicht in den Schädel.

Dann sag ich es dir deutlicher: Ich glaube, dass du dich auf einem Irrweg befindest, wenn du meinst, wir könnten als jenes Ich, das wir einst gewesen zu sein glaubten, weiter fortleben. Jenes Ich zerfällt schon bei Lebenden, wie du bei Menschen erkennen kannst, deren zunehmende Demenz sie sich selbst allmählich vergessen lässt. Wie dann erst im Tod?

Dein Einwand mit der Demenz klingt zwar bestechend, aber wenn man an Gott und ein Weiterleben unter Seinen Fittichen glaubt, und, was ich nochmals wiederholen möchte, ebenso daran, eine neue Einsicht in das gehabte Leben gewinnen zu können, dann weicht die Demenz von der Seele, und eine frisch gewonnene Klugheit nimmt deren Platz ein.

Frisch gewonnene Klugheit, das klingt verheißungsvoll. Wird auch der im Leben Dumme nun klug, und wäre er dann noch derjenige, der er vorher war? Die Widersprüche, in die man sich mit solchen Phantasien verwickelt, scheinen mir endlos. Der Mensch verliert durch seinen Tod alle Einschränkungen seines Lebens –

das ist ein großartiger und logischer Gedanke. Aber gehört zu den Einschränkungen seines Lebens nicht auch jene Grenze, die er um sich selbst gezogen hat, um ein Individuum zu sein?

Eine solche Grenze um sich selbst hat der Mensch teilweise um sich selbst gezogen (man kann sich ja auch in der Dummheit, besser gesagt: im Nichts-Wissen-Wollen verbarrikadieren). Aber zu weiten Teilen gebietet der Zufall der Geburt zumindest darüber, wie frei und weit ihn sein Geist führen kann. Wenn wir über jemanden richten, können wir nicht haarscharf ermessen, wo genau dessen eigene Verantwortung für sein Denken und Handeln liegt. Von einer höheren Gerechtigkeit, die ja nur eine göttliche sein kann, erwarten wir indes zurecht, dass hier eine viel intensivere Form des Erkennens stattfindet und mit einem entsprechend fein ausgerichteten Sensorium gerichtet wird.

Woher die ausgeprägte Sehnsucht nach postmortaler Gerechtigkeit? Aus der Empörung über die Ungerechtigkeiten des Lebens. Woher das Recht, sich zu empören? Aus deinem eigenen Gerechtsein? Du fühlst dich unvollkommen und forderst von Gott Vollkommenheit. Was mehr ist dein Glaube?

Empören muss man sich! Ich empöre mich nicht darüber, was mir angetan wurde, denn mir war es vergönnt, im Großen und Ganzen ein gutes Leben führen zu dürfen. Aber ich habe die Schicksale extrem geschundener Menschen im Blick, für die es im Leben keinerlei Gerechtigkeit gab. Jesus hatte zu Lebzeiten gerade deshalb die armen Leute besonders im Blick, denen schon zu damaligen Zeiten kein Recht widerfuhr. Wenn ihre Schreie und Gebete niemals erhört würden, wenn alles gleichgültig wäre, dann kann man auf Religion verzichten. Es ist dieses soziale, nach Gerechtigkeit dürstende Agens der Bibel, das in beiden Testamenten vorgetragen wird und mir imponiert hat. Ich glaube an Gott, den Gerechten.

Aus seinen eigenen Wünschen und Ängsten formt sich jeder sein Wesen Gottes. Existieren im Christentum so viele Götter, wie es Christen gibt? Aber nein, wirst du sagen, alles ist festgelegt in den Schriften. Doch aus den Schriften sprechen so viele Götter, wie es in ihnen Sätze gibt. Kein Begriff ohne Auslegung. Zwischen Gott und Mensch das Denken. Oder aber: unermessliches Vertrauen, sonst nichts. Nur Vertrauen, ohne zu wissen in was. Das ist der Weg, den ich dir vorschlage. Würdest du ihn mit mir gehen?

Ja, das würde ich! *Ohne zu wissen*, damit kann ich mich anfreunden. Mein Vertrauen auf die göttliche Gnade, die ich mir erhoffe, bleibt aber bestehen.

Du hängst an dir und deinem gehabten Leben. Warst du so glücklich?

Mal so, mal so. Man kann nicht immer glücklich sein. Aber im Großen und Ganzen war es ein erfülltes Leben. Zumindest nachdem die schwierigen Jugendjahre überwunden waren. Ich finde es eher merkwürdig, dass du von deinem vergangenen Leben einfach nichts mehr wissen willst. Du kannst es wohl kaum samt und sonders vergessen haben. Vermutlich ist es das einzige Leben, das wir je auf der Erde geführt haben, denn an die Wiedergeburt glaube ich nicht. Derartige Vorstellungen waren mir immer fremd, sie kamen mir sogar albern vor. War dein früheres Leben denn so schrecklich, dass du so tust, als hättest du niemals existiert?

Schrecklich, mein Leben? Aber nein. Vergänglich, flüchtig, unfassbar…

…Und woher stammt dann dein Gedankengut? Die Philosophie muss in deinem Leben eine wichtige Rolle gespielt haben.

Philosophie? Nach einem antiken Monstrum, noch immer bestaunbar in Gelehrten-Käfigen gehalten, so klingt dieses Wort. Eine negative Kraft, die jede Selbstverständlichkeit annulliert und den Klebstoff löst, der einen Menschen alltäglich zusammenhält – geben wir dieser negativen Kraft lieber kein Gesicht, sie hat keines. Sie hat es so wenig wie das, was du Gott nennst, und ist doch eigentlich nur dessen Macht und Gewalt. Wir können versuchen, uns dem Absoluten mit Begriffen zu nähern, jenem kläglichen Instrument aus Relationen, das uns mit seinem beziehungsreichen Glitzern so sehr zu bezaubern vermag, dass wir seine Untauglichkeit übersehen oder ihm verzeihen. Wir können auch versuchen, uns dem Absoluten mit unseren Gefühlen zu nähern. Wunderbares Erlebnis, das Alles in uns wahrzunehmen, indem wir doch eigentlich nur uns selbst spüren. Religion, Philosophie, Kunst – zerteile sie in Verwandte. Was anderes sind Verwandte als erscheinende Gestalten desselben Ursprungs?

Wenn Religion, Philosophie und Kunst es vermögen, uns etwas Wesentliches mitzuteilen, was uns im Innersten berührt, eine erhellende Wahrheit, die das Leben aus dem täglichen Trott führt und es erleuchtet, dann stehen sie tatsächlich in einem verwandtschaftlichen Verhältnis. Und dann ist das kein Talmi-Glitzerzauber. Indem wir in uns etwas Größeres spüren, das über uns hinausreicht, nähern wir uns dem Göttlichen, ohne es genau bestimmen und erfassen zu können. Ich darf mich hier ein bisschen wiederholen: Das Sensationelle der christlichen Botschaft liegt dabei in der Leidensfähigkeit Gottes, der den eigenen Sohn hingab.

Gott, Vater, Sohn – ein schillerndes Begriffsfeld, in dem der Unterschied zwischen dem Göttlichen und seiner Erscheinung, zwischen Ewigkeit und Zeit, Begriff und Bild verschwimmt. Ein Spaziergang an den Grenzen menschlicher Vorstellungskraft. Gerne entpuppen sich Priester als Bürokraten der Unendlichkeit. Ein festliches Gewand und das Geraune leerer Formeln stehen ihnen näher als jene ferne Wirrnis der Poesie. Ein Credo herzusagen ist bequemer, als an dessen Widersprüchlichkeit zu verzweifeln. »Leidensfähigkeit Gottes« sagtest du. Können Götter leiden und wozu?

Einige griechische Götter konnten leiden. Zeus entmannte seinen Vater Kronos, das dürfte ja sehr wohl ein Leiden gewesen sein. Aber darum geht es jetzt nicht. Wenn du verneinst, dass Jesus Christus Gottes Sohn war, dem am Kreuz die schauerlichsten Qualen zugemutet wurden, dann geht dich das Christentum eben nichts an. Und ich unternehme gewiss keinen Versuch, dich lautstark vom Gegenteil zu überzeugen, nicht einmal leise. Du bist ein hartnäckiger, auf seinen Überzeugungen beharrender Geist. Es hätte keinen Sinn.

Zwar ist es flott gesprochen, dass die Priester die Bürokraten der Unendlichkeit seien, aber auch das ergibt für mich wenig Sinn. In der Botschaft des Christentums ist eine außerordentliche Dynamik und Dramatik enthalten, und ein Priester, der sich ihr verpflichtet fühlt, ist gewiss kein Bürokrat. Er mag anders fehlgehen, mag ein wankelmütiger oder selbstverliebter Schwadroneur sein, aber mit der ins Zwangsneurotische umschlagenden Ordnungsfixiertheit eines Bürokraten hat er nichts gemein. Wer sich streng an den Ritus hält und ihm den gegebenen Respekt erweist, ist deshalb noch lange kein Bürokrat. Das Regelwerk der Liturgie schafft für die besonders an den Feiertagen sich wiederholenden Ereignisse einen ordnenden Rahmen der Gottesdienste, damit sie sich nicht in planloser Wildnis verlaufen und jeder Gläubige sein religiöses Privatsüppchen kocht, mehr nicht.

Die Dinge sind, was wir in ihnen sehen. Und gewiss, unser Blick ist ein unterschiedlicher. Wenn du aber so genau weißt, was ein Christ sei und von jeher gewesen, wie erklärst du mir, dass das Christentum von Anbeginn an auch immer Milieu der Entzweiung war? Nicht nur Jesus fiel als Abtrünniger einem innerreligiösen Streit um den rechten Glauben zum Opfer. Die Apostelgeschichte, Paulus, die Frühgeschichte des Christentums, Mittelalter, Reformation – der Kampf um das richtige Christsein zog eine breite Blutspur durch das Leben von Millionen von Menschen. Heute finden die Kämpfe wohlweislich hinter verschlossenen Türen statt, sie werden niemals aufhören, solange jemand glaubt, er wisse, wer Gott sei und was er den Menschen befehle.

Auch das Regelwerk der Liturgie könnte dir von seiner qualvoll blutigen Geburt lange berichten. Steht es auf Zeit nicht im Streit, wird es zur Oase des Waffenstillstands: Rituale schaffen eine Einigkeit, bei der man nicht miteinander sprechen muss. Es mag einmal eine Zeit gegeben haben, als die christliche Botschaft die Zeiten veränderte. Seit Jahrhunderten sind es die Zeiten, die das Christentum verändern. Wer wie du in der Religion vorwiegend einen Ordnungsfaktor sieht, muss sich nicht wundern, wenn zeitgemäßere Ordnungsfaktoren Religionen überflüssig zu machen drohen.

Im Gedicht

Ich muss ausbrechen, mich wieder anders versammeln. Diese Art der Konversation strengt mich zu sehr an. In Gedichten habe ich immer Erholung, auch Beruhigung gefunden, wenn sie mir zu Herzen gingen, selbst wenn es sich um in Düsternis gehüllte Zeilen handelte. Warum fallen mir jetzt immer wieder solche Zeilen ein? Etwa das Gedicht von der *Immateriellen Leibesfrucht*, das von einem traurigen Ungarn geschrieben wurde, von Szilárd Borbély, an dessen komplizierten Namen ich mich kurioserweise erinnern kann, nicht aber an den Namen meiner bulgarischen Großmutter. Borbélys Kind im Gedicht lernt zwar keine sprachlichen Regeln, aber:

Es hört falsche Beispiele. Aus den Fehlern / schließt es auf die richtigen Regeln. Auch seine / Persönlichkeit entwickelt sich durch die Sprache. Daher / kommt es, dass das Ich im Krematorium nicht verbrennt, / wo man vor der Einäscherung die starken Sehnen der auf / Marmortischen liegenden Körper durchtrennt, den Schädel, / damit er nicht explodiert, aufbohrt. Die Oberschenkelgelenke / schließlich müssen dennoch zermahlen werden.[1]

Klingt schaurig und tröstet mich trotzdem. Aber ich weiß gar nicht, wie ich beerdigt wurde, ein Zagen überkommt mich, wenn ich daran denke, eine stumme Drohung. Und ich sehe spitzige Felskanten an mir vorbeirauschen. Warum nur? Damit ich nicht völlig in mich hineinkrieche, sollte ich mich rasch auf ein anderes Gedicht besinnen. Die *Duineser Elegien* von Rainer Maria Rilke waren mir immer die liebsten. Auch hier geht es düster zu, aber der Schwung der Zeilen ist so schön, dass die Grausamkeit in ein samtenes Dunkel gehüllt ist, aus dem ein unwirkliches Licht hervorblitzt.

WER, wenn ich schriee, hörte mich denn aus der Engel / Ordnungen? und gesetzt selbst, es nähme / einer mich plötzlich ans Herz: ich verginge von seinem / stärkeren Dasein. Denn das Schöne ist nichts / als des Schrecklichen Anfang, den wir noch grade ertragen / und wir bewundern es so, weil es gelassen verschmäht, uns zu zerstören.[2]

Mich hat man nicht verschmäht, und etwas von dem, was mir geschah, schmerzt noch immer, wenn auch nicht stechend.

Du hast mich wieder verlassen. Wo warst du? Ein heulendes Dröhnen, schrill und dumpf zugleich, ersetzte deine Stimme. Die Tonart der Hölle, würdest du sagen, hättest du's gehört. Mir war es der Schrei der Entzweiung. Zerrissen für immer: Warte nur! Balde heulest auch du. Zwar entstehen wir immer wieder aufs Neue, aber nur indem wir uns voneinander abgrenzen. Eine Wiedergeburt unter Schmerzen. Wir leben auf, indem wir durch Worte einander zum Schweigen bringen wollen. Lass uns nicht länger streiten. Wir sollten besser nach dem fragen, was uns zusammengeführt hat. Warum gerade wir?

Wieder mal: keine Sorge! Ich bin noch da! Verlassen habe ich dich natürlich nicht, aber manchmal muss man sein eigenes Denkgehäus ein wenig in Ordnung bringen. Ich tat das in meinem früheren Leben sehr gern, indem ich mich zurückzog, des Öfteren mit Hilfe von Gedichtzeilen, an die ich mich erinnerte. Und jetzt war's mal wieder so weit. Die Poesie leistet mir selbst in unserer sonderbaren Lage einen freizügigen geistigen Beistand. Aber hast du wirklich ein heulendes Dröhnen gehört? Oder übertreibst du ein bisschen? Um mich her war's gerade ganz still, und meine Schatten haben sich nur in sehr weiter Ferne geregt. An deiner Frage, was uns zusammengeführt haben mag, rätsele ich natürlich auch herum. Sind wir zufällig zur selben Zeit gestorben? Oder erwartet man von uns, dass wir uns streiten, weil wir ja offenkundig sehr verschieden sind?

Zufall, mit diesem Begriff tue ich mir schwer. Wenn alles einem einzigen Ursprung entstammt – du nennst ihn Gott, ich habe nichts dagegen –, wo wäre Platz für Zufall? Nehmen wir an, Gott sei eine kostbare Vase, die durch unser Denken für winzige Momente in so viele Scherben zerspringen kann, wie es Atome gibt. Wodurch könnten wir erkennen, dass die Scherben ureigentlich keine selbstständigen Wesen sind? Wohl nur an ihrer Form. Wir gehören zusammen, weil es deine Stimme ist, die mein Ohr bildet, wie auch umgekehrt. Zwischen uns besteht eine innere Logik, nicht bloß ein äußerer Zusammenhang.

Gott als eine kostbare Vase? So viele Scherben wie Atome? Mei o mei, was für ein Vergleich! Ich muss zugeben, er bringt mich ins Denken. Nun sollte man sich Gott nicht figürlich vorstellen, erst recht nicht als weißhaarigen Vater, aber sicher auch nicht als zersprungene Vase. Als Atomkomposit figürlich für uns nicht erkennbarer Art, das will mir gerade noch einleuchten. Aber wie fassen wir dann Gottes Sprechen auf? Seine Willensbekundung? Mich hat das Hiob-Kapitel in der Bibel immer fasziniert. Gott hält den Männern, die rund um Hiob in der Asche sitzen, eine hoch ins Gefild sich bauschende Rede. Die steilen Vergleiche, die Er dabei wählt, um Seine Macht zu bekunden, fallen tatsächlich eher ins literarische als in ein rein religiöses Fach. Das Sprechen Gottes in der Bibel ist ja ansonsten sehr knapp gehalten, weil aus Seinen Worten sogleich etwas *wird* oder ein anderer Befehl erteilt wird. Bei Hiob kommt es mir so vor, als hätten die Gläubigen, die vom starken Erlebnis des treuen Hiob fasziniert waren, die Worte, die von Gott als Demonstration Seiner Macht auf die Männer niedergingen, in der Erinnerung mit phantastischen Zutaten versehen. Nicht umsonst war dieses Kapitel eine Zeitlang sehr umstritten, ob es überhaupt Aufnahme in den Kanon finden dürfe. Das lag sowohl am Ausgangspunkt des Dramas – Gottes Wette mit dem Teufel um Seinen treuen Knecht – als auch an der exuberanten Rede, die da vom Himmel herab ertönt. Da ist wohl sehr viel menschliche Zutat im Spiel, die sich Gottes Worte zurechtphantasiert. Andererseits ist das Buch Hiob eines der interessantesten und explosivsten Kapitel in der Bibel, aber wenn ich länger darüber nachdenke, schwinden mir die Sinne, und ich fühle mich selbst wie zersprungen in abertausend Scherben.

Wozu anschauliche Vergleiche, Gleichnisse, Geschichten, wenn nicht dazu, uns zum Nachdenken anzuregen? Und was regt stärker an als das Unerwartete, Irritierende, Verwirrende? Die Geschichte von Hiob ist, obgleich vermutlich uralt, in der auf uns gekommenen Fassung tatsächlich irritierend. Eine aufregende Mischung aus jüdischem Monotheismus und griechischer Philosophie, aus archaischer Gottesvorstellung und neuzeitlichen Theodizee-Gedanken, ein wilder erster Entwurf für eine bunte Tragikomödie, den sich Euripides genauso gut hätte ausdenken können wie ein talentierter Drehbuchautor Hollywoods.

Wirrnis hat zu Unrecht einen schlechten Ruf, ist sie doch als Krisis Voraussetzung für jede Art von Änderung und Fortschritt. Man kann den Zusammensturz des eigenen Weltbilds sogar bewusst herbeiführen. Descartes sprach vom methodischen Zweifel, der alles für uns Selbstverständliche so vollständig in Frage stellen müsse, damit der Blick frei werde auf das, was dann noch übrig bleibe. Für Descartes war es das Ich, das übrig bleibt. Für Nietzsche ein Es. Warum nicht: das Ich als Es? Hast du dich nie über dich selbst gewundert? Ich meine nicht nur so ein bisschen, wie es geschieht, wenn man sein Gesicht in einem Spiegel sieht. Eher so, wie wenn man dabei in einen dunklen Abgrund schaut.

Ich halte es da mehr mit Sigmund Freuds Dreiklangkonstruktion, in der sich das Ich, das Es und ein Über-Ich tummeln, die sich ein wenig überschneiden und dennoch voneinander abgegrenzt sind. Hierbei wird einer dritten Instanz Raum gegeben. Das passt im Übrigen ungleich besser zur Lehre der Trinität, in der Gott Vater, Sohn und Heiliger Geist zwar als einzelne Wesenheiten auftreten, aber auch ineinander übergehen. Wesenheiten, nicht mehr Personen, wie es früher einmal hieß, das passte nicht mehr zu unserem modernen Verständnis. Wesenheiten also, und es wäre im Übrigen durchaus von Vorteil, wenn es zwischen uns eine dritte, vermittelnde Instanz gäbe, dann würden wir uns besser verstehen. Ich fürchte nämlich, du wirst dich gleich wieder über mich ärgern, weil sich mir soeben wieder mal eine der schemenhaften Gestalten nähert, mit der ich versuchen möchte, ins Gespräch zu kommen. Du lehnst das ja scharf ab, ich weiß. Aber für mich ist die Erfahrung, die dabei auf mich überspringt, so wesentlich, dass ich gar nicht anders kann, als mich ihr mit höchster Aufmerksamkeit zu widmen.

Aber bitte. Mit bloßen Worten vermag ich nichts gegen deine anziehende Wirkung auf fremde Geister. Beim letzten Mal erschien mir ihr Geflüster unergiebig. Vielleicht überbringen sie nun eine Botschaft, die uns aufhorchen lässt.

Es würde mich freuen, wenn du daran teilhaben könntest – also gut, ich versuche mal wieder, etwas in Erfahrung zu bringen. Kurioserweise ist die Gestalt diesmal viel kleiner als die vorherige.

Bist du schon lange hier?

Ich weiß nicht.

Hast du vielleicht einen Namen?

Erwin.

Vielleicht auch einen Nachnamen?

Malincrodt.

Und deine Eltern, sind die vielleicht auch hier?

Ich glaube nicht.

Weißt Du, wie du hierher gekommen bist?

Nein. Lag im Bett, so 'nem hohen Bett mit lauter Sachen, die blinken, drum herum.

Warst du vielleicht in einem Krankenhaus?

Kann sein.

Kennst du hier irgendjemanden?

Hab mal Omi Sieber gesehen,
war aber ganz schnell wieder weg.

Du bist also allein?

Ja.

Und hättest du gern jemanden bei dir?

Quinti!

Wer ist Quinti?

Mein Hund. Ein Rauhaardackel.

Möchtest du vielleicht ein bisschen bei mir bleiben?

Weiß nicht …

Jetzt verschwindet der Kleine wieder im Nebel, ich hätte ihn gern noch ein bisschen bei mir gehabt. Findest du es nicht traurig, dass ein Kind so ganz allein sich hier oben auch irgendwie herumtreibt? Ich glaube, der Bub war nur knapp fünf oder sechs Jahre alt. Irgendwie geht das einem zu Herzen, findest du nicht? Er vermisst seinen Quinti, das verstehe ich nur allzu gut. Du findest unser Gerede vermutlich arg profan, aber mehr war aus dem Kleinen leider nicht 'rauszuholen.

Darf ich ehrlich sein?

Was meinst du?

Du nimmst es mir nicht übel?

Aber nein. Was denn?

Ich hege einen furchtbaren Verdacht.

Du machst mir Angst. Welchen Verdacht?

Dass du mich verführen willst.

Verführen?

Und dieses Mal nicht zu einer Frucht vom Baum der Erkenntnis.

Was meinst du?

Du willst mein Herz erweichen, weil du mich für hartherzig hältst. Aber sieh mal, dieser entzückende, unschuldige Knabe… Was wenn der frühe Tod ihn davon abhielt, ein übler Kerl zu werden? Ich will ja nicht gleich auf einen jener Massenmörder hinaus, deren Knie du nicht tätscheln möchtest. Aber vielleicht hat der frühe Tod ihn vor schlimmen Sünden bewahrt. Er trägt für seinen frühen Tod genau so wenig Verantwortung wie für seine Bewahrung vor der Sünde, während ein anderer, der überlebt und durch schlimme Umstände zum Verbrecher wird, deiner Ansicht nach ewiger Verdammnis ausgeliefert sein soll. Wäre das Gottes Gerechtigkeit? Ich will dir diesen Begriff nicht vermiesen. Aber wenn er dir so teuer ist, musst du mit »Gottes Gerechtigkeit« etwas völlig anderes meinen als das, was wir gemeinhin unter dem Begriff Gerechtigkeit verstehen.

Du sprichst damit einfach an, dass aus einem Menschen Schlimmes und Gutes erwachsen kann, wobei du eher an Schlimmes denkst, wie du es am Beispiel des Knaben vermutest, weil dir schneller das Schlechte, der katastrophale Zug, der im Menschen auch haust, in den Sinn kommt. Ich denke da ausgewogener. Es kommt natürlich darauf an, durch welche Umstände jemand ein Verbrechen begeht, das bestreite ich nicht. Wenn sie etwas taugt, versucht die Justiz in demokratisch verfassten Ländern solche Zusammenhänge zu ergründen. Das kann aber niemals heißen, dass es nicht doch einen Eigenanteil und eine Wahl des eigenen Handelns gibt, so klein die Chance dafür auch sein mag. Von Gottes Gericht erwarten die Gläubigen, dass anders, genauer, mehr von innen beleuchtet, auf das Handeln eines Menschen geschaut wird. Stell dir Gott als einen Untersuchungsrichter vor. Ein anderes Auge, ein anderes Ohr, ein anderer Tastsinn ist dabei auf das Innere eines Menschen gerichtet, auf sein Denken, auf sein Fühlen, auf sein Sagen, auf sein Handeln – verbunden mit einem bis ins kleinste Detail funktionierenden Gedächtnis des Richters, das Auskunft über die gesamte Strecke des vor ihm stehenden stattgehabten Lebens des – nennen wir ihn mal modern: Delinquenten – bietet. Oder eben des Sünders. Als würden die gesamten Erkenntnisse, die dabei gewonnen wurden, blitzartig erfasst und zu einem Urteil befähigen, das jedem noch so klugen, noch so verständnisvollen Urteil eines Menschen weit überlegen ist. Ich bin nicht sicher, ob ich dieses Urteil über mich hören will. Dazu fällt mir nur der Satz ein: Es wird mir das Kreuz brechen! Aber danach, dann, wenn …

Die letzten beiden Sätze gefallen mir, nur würde ich es nüchterner formulieren: Mit dem Tod endet mein Selbst, danach geht es weiter, ich weiß nicht wer oder was. Gott als ein Untersuchungsrichter mit überirdischen Kräften? Das Bild erscheint mir allzu irdisch und klingt eher nach Agatha Christie als nach Jesus Christus. Hat denn dein Superdetektiv auch die Welt erschaffen? Ein bloßer Untersuchungsrichtergott unterschlüge den Schöpfergott. Die Gerechtigkeit, die wir kennen, beruht auf menschlichen Einschätzungen, die vergänglich sind. Es gab Zeiten, in denen die fortschrittliche Intelligenzija, Männer wie Thomas von Aquin, es für gerecht hielt, dass ein vom Glauben abfallender Christ die Todesstrafe verdiene. Und dass es Christenpflicht sei, sogenannte Häretiker öffentlich zu verbrennen. Bist du sicher, dass das, was wir heute für gerecht halten, der Weisheit letzter Schluss ist? Auf Erden können wir, umstellt von Ungerechtigkeiten, des Begriffs der Gerechtigkeit nicht entbehren, er ist unsere Sehnsucht. Im Himmel benötigst du ihn nicht.

»Heute noch wirst du mit mir im Paradiese sein«: Der einzige Mensch, dem Jesus das versprach, war der Verbrecher, der neben ihm am Kreuz hing. Aber lass uns den uralten Streit um Glauben und gute Taten bitte nicht fortsetzen. Ist nicht unser Problem ein ganz anderes: Ein Gericht ist nicht in Sicht, aber die völlige Auflösung unseres Selbsts auch nicht. Was ist los mit uns? Wer oder was hat da die Finger im Spiel? Und – Halt! – jetzt, ganz plötzlich, sehe ich etwas: Eine Aktentasche! Warum ist da eine Aktentasche? Ich kann sie nicht öffnen, ohne Arme vermag ich sie nicht einmal zu berühren. Gertrud, halt mich fest, sag etwas, irgendetwas führt – Hilfe! – mich weg.

Wie bitte? Aktentasche? Ich glaube, du spinnst, mein Lieber!

Aktentasche! Rasch, ich brauche sie doch gleich. Mein Text! Es wird sonst ein Unglück passieren. Ich bin gleich dran. Ohne diesen Text werde ich sterben. Und nicht nur ich. Meine ganze Welt wird untergehen – diese fürchterliche Angst, die mich plötzlich überkommt, ganz plötzlich, wie ein Alptraum in der Nacht greift sie auf mich zu und umklammert mich jetzt so total, dass ich nicht aufwachen kann. Ich könnte aufwachen, ja, wenn ich mich selbst richtig deuten könnte und meine Funktion im Ganzen des Geschehens, was aber nicht gelingen kann, weil mir selber, als winzigem Teil, die Gesamtheit des Geschehens für immer verschlossen bleibt.

Alptraum? Angst? Mon Dieu! Was ist in dich gefahren? Ich verstehe dich nicht recht. Du warst doch bisher immer der überlegene Bursche, der sich von nichts und niemandem was vormachen lassen wollte.

Gertrud! Kennst du das nicht? Denk an deine dir auftauchenden ephemeren Gestalten! Dass dir, du weißt nicht woher, Bilder kommen, Einfälle, die du aus purer Not, sie zu erklären, für deine eigenen hältst? Dass du zugleich du selbst bist und etwas anderes. Dass es dir vorkommt, als seiest du bloß Figur im Rahmen einer Handlung, die du nicht durchschaust; dir vorkommst wie die Erfindung eines Schriftstellers: eine Person, die, von Anfang an tot, zum Leben desjenigen erwacht, der etwas über sie liest. Ein auch für den Lesenden künstliches Leben, weil er, den Blick auf die Gedanken eines anderen gerichtet, vergisst, dass es jetzt seine eigenen sind.

Wie die Erfindung eines Schriftstellers, der nach Gutdünken Figuren übers Brett schiebt, bin ich mir nie vorgekommen. Dazu weiß ich viel zu gut, dass ich noch vor kurzem in Fleisch und Blut auf zwei Beinen herumspaziert bin. Dass jetzt alles radikal anders ist, ängstigt mich allerdings auch. Aber noch mehr ängstigt mich deine Angst. Du bist ja völlig durcheinander, wie entzweigerissen. Das Unterste zuoberst. Vorher hast so überlegen gewirkt, so sehr deiner Sache sicher. Sag doch bitte um Gotteswillen – was hat dich denn mit einem Mal so durcheinandergebracht? Ist etwas geschehen, das ich nicht erkennen kann? An mir kann es nicht gelegen haben. Bisher hast du mir ganz ruhig zugehört, hast mir widersprochen, ohne dich sonderlich aufzuregen.

Krankheit zum Tode –
Krankheit unserer Zeit?

*»Verzweiflung ist eine Krankheit im Geist, im Selbst,
und kann so ein Dreifaches sein: verzweifelt nicht
sich bewusst sein, ein Selbst zu haben (uneigentliche
Verzweiflung); verzweifelt nicht man selbst sein wollen;
verzweifelt man selbst sein wollen.«[3]*

Wertes Komitee, sehr verehrter Mr. Bertrand, liebe Kollegen und Kolleginnen. Ich bitte um Entschuldigung, wenn ich meinen Beitrag zu dieser wichtigen internationalen Veranstaltungsreihe mit einem dramatisch klingenden Titel versehe und mit einem nicht ganz leicht zu verstehenden Zitat von Sören Kierkegaard beginne. Ich wurde hier eingeladen, weil ich aus religionsphilosophischer Sicht einen Blick auf jene Erscheinungen unserer Zeit werfen soll, die wir mit existentieller Verunsicherung, Untergangsängsten und damit einhergehender politischer Radikalisierung verbinden.

Diese Veranstaltungsreihe gab Ihnen bereits Gelegenheit, sich über geopolitische, sozial-psychologische und zahlreiche weitere Erklärungen jener Phänomene zu informieren. Meine Aufgabe sehe ich darin, auf eine, wie ich glaube, zentrale Frage abzustellen. Ich möchte auf das Verhältnis eingehen, das ein Mensch zu sich selbst haben kann. Denn daraus ergibt sich, so meine These, sein Verhältnis zur Welt, zum Leben und zum Tode.

Wenn Kierkegaard meint, die Verzweiflung sei eine »Krankheit im Geist«, so meint er beides: der Geist kann sehr konkret erkranken, die Fähigkeit zu erkranken, ist ihm aber zugleich wesensimmanent. Es ist ja gewöhnlich so, dass wir unter Krankheit etwas verstehen, was wie ein fremdes Unglück über den ursprünglich Gesunden hereinbricht. Leicht vergessen wir, dass der menschliche Körper ein Organismus ist, der in jeder Sekunde um die Aufrechterhaltung seiner Balance kämpfen muss. Jeder Herzschlag, jeder Atemzug ist Teil seines Ringens um Leben.

Ähnliches gilt für unser Denken. Der Mensch, so Kierkegaard, sei eine Synthese aus Unendlichkeit und Endlichkeit, aus Zeitlichem und Ewigem, aus Freiheit und Notwendigkeit. Meine Damen und Herren, ich möchte Sie nicht langweilen mit dem, was Ihnen wie bloße philosophische Wortklaubereien vorkommen mag. Aber ich will Sie darauf aufmerksam machen, wie tief und dramatisch …

Um Gottes willen, was ist mit dir, wo bist du denn geblieben? Hat man dich weggeholt? Dir etwas angetan?

Ich weiß nicht … Plötzlich wie ein die Augen verbrennender Blitz das Bild einer Aktentasche …. extreme Angst und dann plötzlich so etwas wie ein akademischer Vortrag … gesprochen von meiner eigenen Stimme! Hast du nichts gehört? Hält man uns zum Narren? Manchmal fürchte ich so etwas wie das Lachen der Götter. Doch gerade, wenn ich es zu hören glaube, verstummt es.

Mir geht es ähnlich. Ein Blitz, es brennt. Ich bekomme schreckliche Angst. Und dann diese Aktentasche – ich habe sogar das

Bild vor Augen, dass sie sich beim Herunterfallen öffnet und Papiere und Stifte herausfallen. Aber bitte, lass uns wieder über etwas anderes reden. Ich möchte wieder zur Ruhe kommen und mich weniger aufregen. Allerdings kann ich mir gut vorstellen, dass du in der Lage bist, einen akademischen Vortrag zu halten. Du weißt viel, und es bereitet dir Vergnügen, zu argumentieren, sagen wir ruhig: ein bisschen herumzustreiten, sogar mehr als ein bisschen. Mein Vater hätte einen Menschen wie dich *Widerborst* genannt. Also, auf, auf, mein Widerborst, kehre bitte zu deiner Lieblingsbeschäftigung zurück. Das belebt und hält mich von trüben Gedanken ab!

Du forderst mich zum Widerspruch auf? Ich bin überrascht. Ist uns allen nicht der Unmut über den Widerspruch gemein? Aber besonders groß ist er bei jenen, die hinter der Kraft des Negativen den Teufel vermuten. Sag, bist du nicht selbst ein einziges Bündel von Widersprüchen? Wer bist du denn? Eine Eizelle, die befruchtet wurde? Ein Mädchen, das sich verliebte? Eine alte Frau, die im Sarg liegt? Nein, wirst du sagen, eine Seele im Wartezimmer, und doch alles andere auch. Ich – Paradoxes erscheint dir begreiflich, indem du's mit der Kraft des Denkens mühsam momentweis in einem Begriff zusammenhältst. Das Viele gibt im Einen Ruhe. Doch ist das nur die Oberfläche. Im Inneren brennt es wie die Erde. Was sind Freude, Wut, Liebe? Bewegungen, die uns entführen. Wie groß darf eine Bewegung ausfallen, bevor sie dir Angst macht? Wie weit traust du dich, dich von dir zu entfernen? Würdest du dich selbst hergeben, wenn dein Gott es von dir verlangte?

Mein Gott verlangt es nicht von mir, und ich würde es auch nicht tun. Die Leiden eines Martyriums ertragen könnte ich niemals. Dafür bin ich viel zu schwach. *Hergeben*, das klingt auf den ersten Blick etwas harmlos. Aber sich zu seinem Gott zu bekennen, wenn darauf ein äußerst qualvoller Tod steht, das können und konnten sicherlich nur sehr wenige Menschen. Im Übrigen kam mir meine Existenz nie gar so paradox vor. Ich halte die Entgegensetzungen und Großbegriffe, die du hier ins Feld führst, für etwas übertrieben. Ich dachte mir nie so etwas wie die Existenzschlacht in fundamentalen Begriffen, erst recht nicht wünschbar für mein eigenes Leben. Da war ich froh darüber, dass es in mehr oder weniger gemäßigten Bahnen verlief und die großen Kriege und geistigen Zerstörungen von mir fernblieben.

Jeder ist eine Prägung seines Lebens. Doch sind wir alle desselben Stoffs, wir bestehen aus Geist. Ein Mensch, der nach seinem Tod die Schranken seiner Prägungen überwinden will, sucht die Transzendenz möglicherweise mit mehr Inbrunst und Glaubwürdigkeit als du, die sich selbst und ihre Erinnerungen mit in ein Jenseits nehmen will, in dem sie ihre verstorbenen Kumpane, vielleicht auch ihre Haustiere unter großem Hallo wiedertreffen möchte. Diese grauenvolle Selbstzufriedenheit jener Gläubigen, die mit einem simplen Glaubensbekenntnis ihre Angst, sich selbst zu verlieren, für immer bewältigt zu haben glauben. Dieses fürchterliche »Ich glaube an Gott. Und du?«, das man wie ein scharfes Messer an die Kehle seiner Freunde und Nachbarn hält in der Meinung, ihre Antwort sage viel, womöglich alles, über sie aus. Inwiefern wäre dieses Messer heiliger als eines, mit dem man die Menschheit in Nationen, Rassen oder Geschlechter zerschneiden möchte?

Na, na, na, jetzt übertreibst du aber – wie wir in Schwaben sagen – *bürstenmäßig!* Wir brauchen jetzt nicht über die schauerlichen Ketzerverbrennungen der frühen Jahrhunderte zu diskutieren. Die waren ekelhaft, grauenerregend, sie haben das Christentum schwer beschädigt. Ebenso fürchterlich waren die Verfolgungen und Mordbrennereien, denen die Juden ausgesetzt waren, allerdings waren diese anders motiviert als die Inbetriebnahme der ungeheuerlichen Tötungsmaschinerie im Nationalsozialismus. Über Jahrhunderte hinweg galten die Juden zwar als Glaubensfeinde, aber die Grausamkeiten, denen sie ausgesetzt waren, hatten keinen so extremen rassistischen Hintergrund wie während der NS-Zeit. Dabei ging es viel mehr darum, das jüdische Erbe der Bibel in seiner Substanz zu leugnen und das Christentum als neues Maß über das Gesamt der Bibel zu setzen. Salopp gesagt: Die Zweitgeborenen ertrugen die Erstgeborenen nicht und gingen ihnen ans Leder.

Wir beide haben unsere Leben aber gottlob in anderen Zeiten führen dürfen. Niemand in meiner Umgebung hat je aus religiöser Eifersucht ein Messer an die Kehle seines Nachbarn gehalten, auch nicht gedanklich, und zwar gleichgültig, ob der andere Mensch Jude, Christ, Muslim, Buddhist oder Atheist war. Da du dich auch nicht zum christlichen Gott bekennst, müsstest du nach deiner eigenen Auffassung ja schlimmen Anfeindungen ausgesetzt gewesen sein. Das glaube ich aber keine Sekunde. Also bitte: Übertreib's nicht! Lade das Unmaß der von Christen begangenen Grausamkeiten nicht auf dein Haupt, indem du dich als Opfer stilisierst.

Ich sehe, du verstehst mich nicht. Hältst du mir doch selber das Messer an die Kehle, indem du sagst: »Da du dich nicht zum christlichen Gott bekennst.« Was heißt das anderes als jenes »Ich glaube an Gott. Und du?« Wie leicht es dir fällt, vom christlichen

Gott zu sprechen. Ich kenne so viele christliche Götter, welchen meinst du? Den aus dem zweiten, den aus dem achten, den aus dem dreizehnten, den aus dem sechzehnten, den aus dem einundzwanzigsten Jahrhundert? Den christlichen Gott der Stuttgart-Degerlocher oder einen aus Moskau, Tennessee, Afrika, Südamerika, China? Den christlichen Gott der Katholiken, Orthodoxen, Lutheraner, Calvinisten, Methodisten, Mormonen oder einen der anderen über zweitausend christlichen Konfessionen? Dass du das Unfassbare so fest in deiner Hand zu halten glaubst, ist es, was mich stört. Dabei entzieht sich doch gerade der christliche Gott durch seine Vielgestaltigkeit jeder einfachen Festlegung.

Worin besteht das Geheimnis der Lehre von der Trinität, von der du so gerne sprichst? Darauf, dass eins und eins und eins eins ergeben kann, so wie du behauptest, als Kind, als Dreißigjährige und als alte Frau noch immer derselbe Mensch zu sein. Eine Behauptung, die einen arithmetisch denkenden Kopf zur Verzweiflung treiben kann. Eine Behauptung, die deiner Existenz erst Sinn verleiht.

In seiner Verkleidung als Gott tritt die göttliche Substanz auf als Gesetzesgeber, strenger Richter, rachsüchtiger Diktator, fürsorglicher Vater. Als Jesus verwandelt sie sich in einen predigenden und leidenden Menschen. Erst als Heiliger Geist stellt sie sich in ihrer ursprünglichen Gestalt vor, nämlich gestaltlos, was die menschliche Vorstellungskraft offenbar so sehr strapaziert, dass man sich immer noch ein Bild von ihr zu machen müssen glaubte, als Taube oder Feuerzunge. Gott ist niemand, den man so einfach zu kennen glauben sollte, dass man dasselbe anderen absprechen kann.

Ich will dir überhaupt nichts absprechen, dazu kenne ich dich viel zu wenig, nur entnahm ich deinen bisherigen Reden, dass du keinesfalls religiös denkst oder gestimmt bist, du hast mir fast immer Kontra gegeben, wenn ich das Thema angerührt habe. Aber in einem darf ich dir denn doch heftig widersprechen: Keinesfalls glaube ich, Gott genau zu kennen, erst recht nicht erwarte ich vom göttlichen Dreibund, dass ich von dieser Instanz so gesehen werde, wie ich mich zu meinen Gunsten vermutlich selbst gesehen habe. Fast jeder Mensch hat einen täuschenden Selbstspiegel vor Augen, ob ihm dieser nun ein allzu triumphales oder ein eher klägliches Bild seiner selbst liefert. Ich erwarte und hoffe hingegen, nicht bis in alle Ewigkeit darauf warten zu müssen, bis ich durch und durch erkannt werde, auch wenn das ein sehr schmerzhafter Prozess sein sollte und aller Wahrscheinlichkeit auch sein wird. Und ich habe Angst davor, sehr sogar. Andererseits hoffe ich darauf, dass damit die Qual der Unschlüssigkeit und des Bangens ein Ende findet.

Habe fertig!

Das waren einst die geflügelten Worte des italienischen Fuß-balltrainers Giovanni Trappatoni, als ihm der FC Bayern auf den Wecker ging. So was in der Art würde ich jetzt gern auch herauskrähen. Dieses Warten, Warten, Warten wird mir einfach zu lang. Und das Zwiegespräch mit diesem unwirtlichen Kompagnon strengt mich an, es verläppert zusehends und trudelt im Fruchtlosen herum. Ich müsste mich stärker auf mich selbst besinnen können, aber irgendetwas hält mich davon ab. *Angst essen Seele auf.* Angst ist im Gepäck. Angst davor, mich in unnützen Diskussionen zu verzetteln, die das über mich verhängte Schicksal nicht erklären können, aber auch Angst davor, ganz und gar allein zu sein, wenn ich mich dem Gespräch entziehe. Ich weiß einfach nicht mehr, was ich sagen oder denken soll. Nicht nur im direkten, habhaften Sinn ist mir der Boden unter den Füßen weggezogen, auch im übergeordneten geistigen Sinn findet sich kein rechter Weg. *Himmel hilf!* hieß es ja immer so schön. Aber ich bin ja in einer Art Himmel, der hilft mir aber ganz und gar nicht. Was um Gottes willen soll bloß aus mir, will heißen: aus meiner seelischen Restsubstanz werden?

Es ist wahr, wir verzetteln uns immer wieder in Diskussionen, die uns trennen, nicht vereinen. Vielleicht besteht darin das Schicksal aller, die sich über die Beantwortung letzter Fragen verständigen wollen. Es ist nicht leicht, das eigene Selbstverständnis einem anderen zu erklären, ohne sich in dessen eigenes Selbstverständnis einzudrängen. Wir benutzen dieselben Begriffe und verstehen doch oft Unterschiedliches darunter. Das gilt vor allem für Begriffe und Aussagen, die nicht konkrete Gegenstände betreffen und deren Wahrheitsgehalt auf unseren persönlichen Wertungen beruht. Je allgemeiner ein Begriff, je mehr er umfasst, je unanschaulicher er ist, desto größer die Gefahr für Missverständnisse. Wie dann erst bei den allerallgemeinsten?

Vielleicht sollten wir in unserem Gespräch einen anderen Aspekt in Betracht ziehen. Um das Drama vom Jesus am Kreuz zu visualisieren oder unser Gehör für eine andere, transzendente und zugleich luzide Welt zu öffnen, sind in unserem Kulturraum die bedeutendsten Kunstwerke entstanden. Ich denke dabei an die Kreuzigungstafel von Jan van Eycks großem Diptychon, das im Metropolitan Museum of Art in New York hängt. Vor einigen Jahren stand ich lange Zeit vor dem schmalen Bildfeld und konnte mich kaum davon trennen, so sehr hat mich das Leiden Jesu berührt, das darin zum Ausdruck kommt. Oder auch die Matthäuspassion von Johann Sebastian Bach. Wird sie gut dargeboten, ergreift sie meinen Körper und meine Seele auf eine Weise, dass ich den Tränen nahe bin – besonders die Stelle, da Josef von Arimathia singt: »Ich will Je-he-sum selbst be-gra-a-ben ...« Da bin ich mit meiner Trauer, meinen Gefühlen ganz woanders, erlöst von den kleinlichen Übeln, die einen im Leben sonst so plagen. Vielleicht vermögen gerade diese hochgradig inspirierten Werke, die von überirdischer Schönheit und Wehmut zeugen, manche Menschen in eine Sphäre zu entführen, die sie dem Göttlichen näher bringt, indem sie in ihnen Gefühle wecken, die ihre selbstbezogene Ichheit verscheucht und sie in eine erhabene Offenheit tragen. Für mich kommt in solchen Momenten das Gute, Wahre und Schöne, überglänzt von der Trauer, stärkstens zum Vorschein – geradeso, wie es Friedrich Schiller einst definiert hat.

Du sprichst von einem Gefühl, in dem sich Sehnsucht und Erfüllung die Balance halten. Von einer Zeit, in der sich Romantik und Klassik die Hand reichten. Von einer Seele, die Schiller die schöne nannte, weil er in ihr eine Vervollkommnung zur harmonischen Menschlichkeit durch die Versöhnung von Pflicht und Neigung sah.

Genau das. Ein schönes Gleichgewicht. Selten je erreicht. Auch in meinem Leben nicht oft.

Es ist ja nur ein Gefühl. Schiller thematisiert es im Zusammenhang mit einem pädagogischen Programm, einer ästhetischen Erziehung, wie er es nennt. Sind wir da nicht bei einer Kernfrage zur aktuellen Relevanz von Religion angelangt? Die moralische Erziehung des Einzelnen war von jeher eine ihrer zentralen Aufgaben. Heute nehmen neben der Familie der Staat, die Kunst und zahlreiche gesellschaftliche Institutionen diese Aufgabe bei uns in einem Maße wahr, dass den Kirchen hierfür nur noch ein sehr begrenzter Raum bleibt.

Wie auch andere Religionen entwickelte die christliche im Laufe der Jahrhunderte besondere Techniken der *Katharsis*, der Reinigung von schlechten Gefühlen: Gebet, Bußübungen, Beichte, Fasten, Schweigen, Kontemplation und anderes. Manches erlebt eine Renaissance, doch längst laufen östliche Religionen, die den Körper, seine Kräftigung und seine Bedeutung für unsere Gefühle weit stärker miteinbeziehen, der christlichen den Rang ab.

Wer erzieht heute jüngere Menschen? Sind es noch die Kirchen? Welche anderen Kernaufgaben bleiben ihnen? Wo können sie noch Motor der Entwicklung sein?

Entschuldige meine Abschweifung. Auch ich bedarf der Reinigung meiner Leidenschaften. Denn was gehen uns solche Fragen noch an? Wir sind ja tot.

Die moralische Erziehung des Menschen wird von vielen Institutionen wahrgenommen? Man muss sehr naiv sein, um solchen Unsinn zu glauben. Die Bildende Kunst etwa, um nur eines deiner Beispiele herauszugreifen, ist auf einen derart lächerlich politisierten Hund gekommen, dass es der Sau graust. Gemurkse auf Kindergartenniveau allenthalben. Das verwestlichte Wischiwaschi der östlichen Religionen? Hast du dir die reisenden Gurus mit ihren törichten westlichen Adepten mal näher angesehen? Mich schüttelt's, wenn ich die Traktätchen lese, die schon in den Wartezimmern der Zahnärzte dazu herumliegen.

Aber halt ... ich sollte mich in meinem Ärger nicht so gehen lassen, zumal langsam wieder Seelen aus dem Nirgendwo auftauchen, die vermutlich mit wichtigeren Botschaften unterwegs sind als dem schwammigen Ratgeberzeugs, das ich zu Lebzeiten so verachtet habe.

Ich sehe, in dieses nebulöse Jenseits setzt du mehr Vertrauen als in alles, was du kennst. Aufs Neue lockt die Geisterbahn. Womit dieses Mal?

Ich bin mir noch nicht sicher, aber es könnten zwei Figuren sein, die schemenhaft ineinander verschwimmen und sich wieder trennen ... ja, jetzt kann ich sie etwas besser erkennen, es sind tatsächlich zwei Personen, vermutlich Frauen. Aber sie weichen wieder zurück, als würde sie etwas davon abhalten, mit mir in Verbindung zu treten. Schüchternheit wird es wohl kaum sein, was sie hemmt. Vielleicht wirke ich auf sie noch zu frisch? Irgendwie unheimlich? Vielleicht noch zu neu im Totenreich?

Sie beide da, bitte kommen Sie doch etwas näher, ich würde gern mit Ihnen reden. Ja, noch ein bisschen näher, so ist es besser. Gehören Sie zusammen? Sind Sie vielleicht beide zur selben Zeit gestorben, oder waren Sie getrennt und haben Sie sich erst später hier oben wieder vereint, weil Sie sich früher gekannt haben?

Komisch, sie weichen wieder ein Stück zurück, als hätte ich etwas Unangemessenes gesagt. Glaubst du, dass es Tote gibt, die so verängstigt sind, dass sie nicht mit anderen Toten sprechen wollen? Ist doch seltsam, findest du nicht?

Die Phantasie ist das Mittel der Verunendlichung. Dass du, obgleich tot, immer noch in so hohem Maße über sie verfügst, ist mir das eigentliche Wunder.

Wischiwaschi?

Diese Frau pflegt die zärtlichsten Vorstellungen von verängstigten Toten Aber ihre Urteile über die Lebenden trifft sie mit dem Hackebeil.

Was glaubt sie, wer sie ist, dass ausgerechnet sie, Gertrud aus Schtuugad-Däägerloch, unvergänglich sei? Dass sie nun, unbehelligt von allem, was ihr zuwider war, auf ewig ihrer Neigung zur Geselligkeit mit selbsterwählten Seelengespenstern frönen darf? Ich weiß nicht, wie das sein kann, dass man mir dieses weibliche Schwätztier ins Ohr transplantiert hat. Der helle Wahnsinn. Wann hört er endlich auf? War ich ein so schlechter Mensch, dass man mir diese Höllenstrafe zumutet? Unsinn! Jetzt denkst du schon wie sie. Ich muss mich in Acht nehmen. Sie infiziert mich und durchdringt mich mit ihrem Geplapper. Ist das mein Schicksal, dass ich mich statt in der göttlichen Substanz in den Vorstellungen einer schwäbischen Provinznudel auflösen soll?

Unbegreiflich, in was man mich da verwickelt hat. Aber noch bin ich da mit meinen eigenen Gedanken und muss von vorne anfangen, um diese Situation vielleicht doch zu verstehen. Wir sind gestorben. Könnte ich mich nur erinnern wie. Irgendetwas Falsches muss geschehen sein. Das kann jedenfalls nicht der richtige Tod sein, das wäre lächerlich. Eine Verulkung, ausgeheckt von ich weiß nicht wem. Ein Wischiwaschi-Tod, kein wirklicher. Ein ausgedachter Scherz, fern jeder Glaubwürdigkeit. Eine Verhöhnung nicht nur des Todes, sondern auch der göttlichen Substanz. Denn, also bitte, könnte etwas Transzendentes einfach mal so vor unseren eigenen Augen geschehen oder in unseren Ohren, wäre es dann noch transzendent? Jenseits von was?

Jetzt nur mal so gefragt. Erinnern nicht Frauenseelen, die sich schemenhaft und verängstigt durch die Schwaden des Totenreichs tasten, eher an germanisches Heidentum als an einen christlichen Himmel?

An das germanische Heidentum erinnern sie mich sicher nicht, da erwartet man Donnerhall und das Echo vom Schlachtenlärm, denn es wimmelt wahrscheinlich von Kriegern. Hier geht es aber ruhig zu, als hätte bei den Seelen schon eine Art Einkehr stattgefunden, die Vorstufe eines Erkennens, das die Erlösung nahebringt und von ihrer Wirkmacht zeugt. Ich bin von allem, was hier vorgeht, ja genau so überrascht wie du. Ich dachte an ein Seelengewimmel, über dem – metaphorisch gesprochen – die Funken der Erkenntnis tanzen. Und ich ging natürlich davon aus, dass sich die Verstorbenen untereinander sehen könnten. Wir beide vermögen es aber nicht, was ich bestürzend finde, denn ich kann dich ja sehr deutlich hören. Aber warte bitte mal ein bisschen, die beiden Frauen, falls es tatsächlich welche sind, scheinen einen neuen Versuch zu wagen, mit mir in Verbindung zu treten.

Ist es Ihnen erlaubt, mit mir zu sprechen? Ich würde so gern hören, wie Sie hierher gelangt sind. Ich bin ja noch ganz neu hier und finde mich nicht zurecht. Mein Name ist Gertrud. Ich komme ursprünglich aus Stuttgart. Und darf ich fragen, wo Sie früher gelebt haben?

Erste Stimme: In Paris. Mein ganzes Leben lang in Paris.

Zweite Stimme: In der Rue de Vaugirard
in Saint-Germain-des-Prés.

Sie sprechen hervorragend Deutsch. Wie kommt das?

Erste Stimme: Ich spreche kein Wort Deutsch.

Tatsächlich?

Zweite Stimme: Ist Ihnen das noch nicht aufgefallen?
Hier spricht jeder in seiner Sprache und hört die Stimmen
der anderen auch in seiner Sprache, obwohl er früher
kein Wort davon verstanden hätte.

Erste Stimme: Die babylonische Sprachwirrnis ist bei uns
aufgehoben, aber jeder darf es sich weiterhin
in seiner Sprache gemütlich machen.

Das ist ja phantastisch! Davon habe ich immer geträumt.

Zweite Stimme: Phantastisch. Kann man so sagen.

Und darf ich wissen, was Sie beide in Paris für ein Leben geführt haben? Sind Sie vielleicht Schwestern?

Erste Stimme: Nein.

Zweite Stimme: Nein. Wir waren und sind Freundinnen.

Erste Stimme: Ich besaß einen berühmten Nachtclub,
in dem Josephine Baker aufgetreten ist.

Zweite Stimme: Ich war die Gardrobière von Josephine,
kümmerte mich aber nicht nur um ihre Roben.
Wir waren Freundinnen.

Erste Stimme: Sie war das faszinierendste Geschöpf,
das mir je begegnet ist.

Zweite Stimme: Wahnsinnig talentiert. Manchmal schwierig,
aber im Großen und Ganzen ein nobler Charakter.
Großzügig ohne Ende. Wir finden es sehr schade,
dass wir ihr hier oben noch nicht begegnet sind.
Mit Josephine wurde es nie langweilig, sie war witzig und
außerordentlich geistreich. Ich bin sicher: Sie hätte sogar
Jesus zum Lachen gebracht.

Da haben Sie beide ja tolle Sachen erlebt. Paris muss damals
eine großartige Stadt gewesen sein. So voller Leben! Wissen
Sie beide eigentlich, wann und wie Sie gestorben sind?

Erste Stimme: Ist schon eine Zeit lang her. Aber so langsam
verwischen sich die Jahre, ich kann mich an das Datum
nicht mehr erinnern. Muss wohl in den Fünfzigern gewesen sein.

Zweite: Ich bin später gestorben und dann während
der letzten Jahre sehr allein geblieben. Hab' mich in meiner
kleinen Mansarde in der Rue de Rennes verkrochen.
Ich war nur froh, als es endlich so weit war.

Erste Stimme: Wir fragen uns nur, wo Josephine geblieben ist.
Wir vermissen sie sehr!

Halten sich hier noch andere berühmte Leute auf, mit denen Sie inzwischen bekannt geworden sind?

Erste Stimme: Aber ja. 'Ne ganze Menge.

Zweite Stimme: Chateaubriand …

Erste Stimme: Der Diplomat! Nicht das Fleisch!

Zweite Stimme: … Goethe, Flaubert, Rilke, der verrückte Raimond Roussel, allerdings ohne seine Limousine, in der er sich durch den gesamten Orient von Hotel zu Hotel hat fahren lassen, ohne sonst irgendwo auszusteigen … Asiaten und Afrikaner sind natürlich auch darunter.

Erste Stimme: … sogar Marilyn Monroe!

Zweite Stimme: Aber wir sind natürlich noch nicht mit allen bekannt geworden. Hier bei uns oben haben diese Leute übrigens schon ein bisschen von ihrem Berühmtheitszauber eingebüßt. Manchen von ihnen scheint das sehr schwer zu fallen …

Erste Stimme: … sagt man jedenfalls.

Können Sie mir noch sagen, ob …

Erste Stimme: Nein. Es wird Zeit. Komm, lass uns zurückweichen, dahin, wo wir hingehören.

Zweite Stimme: Adieu! Und alles Gute!

Na, was sagst du jetzt? Konntest du wieder mithören? Ist das nicht hochgradig aufschlussreich?

Wie kann ich sicher sein, dass du nicht alles selbst inszeniert hast? Vielleicht unbewusst, ich möchte dir nicht unterstellen, dass du mich mit so einer Art Bauchreden hereinzulegen versuchst. Mir fällt eher Freuds Traumdeutung ein. Möglicherweise stecken geheime Wünsche dahinter, die in dir hochsteigen. Nach dem postmortalen Kontrollverlust fallen die letzten Hemmungen: Du möchtest gerne eine Nackttänzerin sein, die mit ihren um die Hüfte gebundenen Bananen gierigen Männeraugen zuwedelt. Da du nicht genau weißt, wie das geht, und infolge einer allerletzten Scheu machst du dich erst mal an die Nachtclubbesitzerin und die Gardrobière anstatt an Josephine Baker selber heran.

Ursprünglich hatte ich einen ganz anderen Eindruck von dir. Aber nun gut, was können wir dafür, Triebe verfolgen uns über den Tod hinaus. Wusstest du, dass Freud in *Jenseits des Lustprinzips* jede Art von Trieb als einen »dem belebten Organischen innewohnenden Drang zur Wiederherstellung eines früheren Zustands« interpretierte? Da das Leblose früher da gewesen sei als das Lebende, müsse man in den Ichtrieben einen Todestrieb sehen. Wir würden das nur nicht gleich erkennen, da der Todestrieb durch immer neue, unkontrollierbare Außenreize von der schnellen Erreichung seines Ziels abgehalten werde. Unsere Ichtriebe rührten also von der Belebung der unbelebten Materie her und wollten eigentlich nur die ursprüngliche Unbelebtheit wiederherstellen. Diese »Umwege zum Tode«, wie Freud es nennt, böten uns heute »das Bild der Lebenserscheinungen«. Ganz schön pessimistisch, oder? Aber für uns wäre es ein Trost. Wir hätten dann erreicht, wozu wir da waren. Wenn auch immer noch nicht ganz …

Zwar bin ich in jungen Jahren durchaus eine begeisterte Freud-Leserin gewesen, der Mann war ja außerordentlich klug, aber seine »Umwege zum Tode, die das Bild der Lebenserscheinungen böten« haben mir nie so recht eingeleuchtet. Das ist eine kuriose Spekulation, die schwer erklären kann, weshalb manchen Menschen im Alter das Sterben so extrem schwerfällt, dass sie ihr letztes Quäntchen Leben mit Zähnen und Klauen verteidigen. Ich hatte eher den Eindruck, dass dieses krasse Am-Leben-Hängen Menschen betreiben, denen der Tod nur radikale Finsternis und Hoffnungslosigkeit bedeutet, sonst nichts. Viele von ihnen sterben schlecht, sterben bitter. Ein religiöser Mensch stirbt zwar auch nicht immer gefasst, aber er hat ganz andere Erwartungen, da er auf eine neue, reinere, von Schönheit durchflutete Seinskomposition hofft, die ihm ein lebhafteres Leben gönnt als das schmuddelige, vom Fraß des Selbstekels, des Neides und des Überdrusses geprägte Erdendasein.

Übrigens wollte ich nie eine Nacktänzerin sein, erst recht nicht mit Bananen um den Bauch, das kann ich dir guten Gewissens versichern. Auftreten – ja! Das habe ich mir in meinen Träumereien sehnlich gewünscht. Ich wollte die tollste Geigerin der Welt sein, was ziemlich komisch ist, weil ich kein Instrument spiele und nicht mal sehr gut Noten lesen kann, obwohl mein Mann ein bekannter Opernsänger ist. Und ich schwöre dir bei allem, was mir heilig ist, – als traumhaft gute Geigerin war ich bis zum letzten geschlossenen Kragenknopf seriös gekleidet, schwarz natürlich, aber mit weißer Bluse, an den beiden Kragenspitzen schwarz gesäumt. Nix Nackedeihaftes war dabei im Spiel, ich schwör's!

Ich glaub's dir gern. Die marianische Alternative war dir noch lieber: züchtig bis zur Halskrause mit himmlischen Tönen locken,

Frauen vor Neid erblassen lassen und auch den eigensinnigsten Mann aus Verehrung weinend vor deiner Anmut auf die Knie zwingen. Du verkennst Freud und alle Psychologie, übersähest du den Anlass, auf dem ihre Vermutungen beruhen: Der Mensch erlebt sich vorrangig als Bewusstsein, aber sein Handeln und seine Emotionen stimmen oft nicht mit seiner Sicht auf sich selbst überein.

Ein Produkt dunkler Triebe zu sein, ist nicht gerade das, als was ein Mensch sich vorrangig sehen will. Aber ist nicht umgekehrt die Annahme, dass unser Handeln auch uns nicht bewussten Einflüssen unterliegt, eine große, vielleicht unverzichtbare Entlastung für jeden, der sich wider Willen in unserem immer engmaschigeren Netz sozialer Regeln verheddert? War es einstmals besser, hinter menschlichem Versagen Einflüsterungen des Teufels zu vermuten? Das Reich des Unbewussten wird immer eine Spielwiese der Spekulationen bleiben, doch bietet die moderne Psychologie eine weitaus differenzierendere und pragmatischere Handhabe als jene, in der man sein Sündenbewusstsein mit fünf »Vaterunser« und zehn »Gegrüßet seiest du Maria« reinigte.

Du hast Recht: Wer glaubt, nach dem Tode komme etwas Besseres, wird sich kaum aus Verzweiflung ans Leben klammern. Nur, wie erklärst du, dass so viele Menschen, die sich der christlichen Religion viel enger verbunden glaubten, als sie es ihren Mitmenschen je zutrauten, am Ende verbissen nicht sterben wollen? Wäre es nicht menschlicher, darin die Wirkung menschlicher Triebe zu erkennen, als diese Unglücklichen der Heuchelei zu bezichtigen?

Gegen die Triebtheorie, überhaupt das Rumoren im Unbewussten, das unser Handeln mitprägt, habe ich keinen grundsätzlichen Einwand. Andererseits kann man den Menschen nicht aus seiner Mündigkeit komplett entlassen, sonst landen wir in einem triebgesteuerten Tohuwabohu, das zum Fürchten ist, weil in ihm gar keine Gerichtsbarkeit zum Zuge kommen kann, weder die auf Seiten der Menschen, noch die göttliche. Das bedeutet wiederum nicht, dass wir jeder Form der Sünde ausweichen können. Schuldigsein gehört zum Menschen dazu, leider können wir das auf Erden nicht abschaffen. Seitdem er gelernt hat, sein Handeln zu befragen, pocht in den meisten Menschen jedoch ein Gewissen. Es kann unsere Triebe bändigen, wenn wir aufmerksam in uns hineinhorchen. Dann sind wir in der Lage, unserem zerstörerischen Treiben Einhalt zu gebieten. Hast du dich je gefragt, wie dein eigenes Gewissen beschaffen sein mag? Hat es dich geleitet, dir vielleicht so einiges verboten? Ich kann mir nicht vorstellen, dass du ein völlig gewissensfreier Mensch gewesen bist, dazu bist du im Übrigen auch zu klug, vor allem zu nachdenklich, wiewohl ich etliche deiner Überlegungen, die sich zu Überzeugungen erhärtet haben, nicht teile.

Zu Überzeugungen erhärtet …, sagst du. Aber eben das ist es, was mir mein Gewissen sagt: Hüte dich in allen Überlegungen vor jeder Art von Erhärtung. Überzeugungen können gut oder schlecht sein, richtig oder falsch, passend oder unpassend, je nach Zeitpunkt und Umstand. Überzeugungen sind die Voraussetzungen, auf denen unsere Schlussfolgerungen beruhen. Lassen wir sie zu bloßen Selbstverständlichkeiten verkommen, machen wir sie zur Quelle unserer Irrtümer.

Ist Glaube eine Überzeugung? Wer zu wissen glaubt, weiß, was er glaubt. Wie kann er da noch glauben?

Das ist es, was mich so an dir irritiert. Dass du mit »Glauben« eine selig machende Gipfelbesteigung meinst, nicht die ängstliche Bewegung in einer dunklen Grube aus Zweifel, Irrtum und Unwissen. Dass du dir einen Gott ausdenkst, dessen Legitimität du allein auf seine Amtsführung als gerechten Richter stützt. Dass du glaubst, um in eine bessere Welt fliehen zu können. Es ist die Welt der schönen Seele. Eine Welt des absoluten Unterschieds, in der das Gute nur gut, das Schöne nur schön ist, und Gespenster nette, interessante Plaudertaschen sind.

Glauben, der einem Zweck dient, nämlich dem, sich wohl zu fühlen und nicht zu verzweifeln in einer unerträglichen Welt von Ungerechtigkeit, Gewalt und Entsetzen, ein solcher Glauben erscheint mir eher eine Psychotechnik als eine religiöse Empfindung. Als solcher aber muss er sich messen lassen mit der Effizienz der Techniken moderner Psychologie oder der von dir verabscheuten Esoterik.

Du bist verzaubert von Dantes Komödie, einer Komödie wohlgemerkt und Inszenierung, deren hohe sprachliche Kunst und bildervolle Vorstellungskraft niemand bezweifeln kann. Doch aus was erwuchs ihm die Kraft dazu? Aus seinem Glauben, wirst du sagen. Ich meine eher, es waren Wut, Enttäuschung und Verbitterung, die ihn, den ohnmächtigen Verlierer, dazu veranlassten, sich in der Verbannung eine solche Vorstellung vom Jenseits zu genehmigen; eine Vorstellung, in der Verrat als das schlimmste aller Übel angesehen wird, in der die persönlichen Feinde für immer leidvoll in der Hölle braten, frieren oder ersticken müssen, während ihn, den zu allen Gefilden Zugang habenden Ausnahmemenschen, die schöne, tugendreine Angebetete unter himmlischen Sphärenklängen und Lichterscheinungen zu Gott führt. Ein schöner Traum gewiss, aber fehlt es dieser göttlichen Komödie, fast möchte man sagen Satire, nicht ein wenig an Ernst, um in ihr ein Leitbild fürs Jenseits zu sehen?

Ganz so naiv bin ich nun nicht, dass ich in der *Divina Commedia* das genaue Leitbild meiner oder unserer möglichen Seelenwanderung sehe. Gott hat sich mir bisher nicht gezeigt, auch Jesus Christus nicht. Und der Heilige Geist flirrt nicht über meinem Haupt. Aber ist die simple Tatsache, dass wir beide hier als Seelen vorhanden sind und miteinander sprechen können, nicht schon genug Beweis, nein, sogar der höchst erstaunliche Beweis, dass mit uns Dinge geschehen, die wir so nicht vorhersehen konnten. Etwas Verwirrendes hat uns am Wickel, das uns in die Abgründe der eigenen Seele führt und zugleich von einer göttlich durchfluteten Wesenheit kündet. Mir ergeht es jedenfalls so. Ich habe mein vergangenes Leben durch eine dünne Transparentschicht vor Augen, sinnhafte Bezüge ergeben sich plötzlich, im Guten wie im Bösen. Ich fühle mich durchleuchtet, schwanke zwischen großer Angst und beglückender Zuversicht. Ich bin nicht mehr ich selbst. Meine anscheinend so fest gegründete Selbstheit verliert sich immer mehr zugunsten von etwas, was ich noch nicht zu erkennen vermag. Aber ich fühle mich schwach … bitte verzeih … es sind Gedichtzeilen, die herumschweben und nach dem Erlöser rufen …

Es zieht mich hin,
es schwingt mich fort

Böse Träume, gute Träume, alles wird porös. Wörter schwingen herbei, ich weiß nicht wie, weiß nicht woher, weiß nicht von wem, nur ergreifen sie mich so intensiv, als wühlten sie in meinem nicht mehr vorhandenen Leib ... So hör doch, hör! sage ich mir, hör nur genau hin! ... *Fischern von Ballyshannon / Ging letzte Nacht ein Kind ins Netz / Zusammen mit den Lachsen. / Eine illegitime Brut, / Kroppzeug, das man ins Wasser / Zurückwirft. Aber ich bin sicher, / Als sie im Seichten stand und / ihn liebevoll untertauchte, / Bis die erfrorenen Knoten ihrer Hände / Tot wie der Kieselgrund waren, / War er eine Pfrille mit Haken, / Die sie zerfleischte. / Sie watete hinein / Unterm Zeichen ihres Kreuzes, / Ihn holte man ein mit den Fischen. / Jetzt wird der Limbus / Ein kaltes Glitzern von Seelen sein / In einer fernen salzigen Zone, / Wo selbst Christi Hände, noch wund, / Schmerzen und nicht fischen können.*[4] *... Das Herz frei von gemeinen Gedanken, / das jenseits schon der Grenze der Ferne, / zurückblickt auf die Sprache wie auf ein Kleid, / das sein Körper war, der Teppich der Rede ...*[5] *... In the room the woman come and go / Talking of Michelangelo ... Do I dare / Disturb the universe? / For a minute there is time / For decisions and revisions which a minute will reverse ...*[6] *... Der Gott, den es nicht gibt, in mir ein dunkler Riß, / ist meiner Seele nah, sooft ich ihn vermiß ...*[7] ... Und warum um Gottes willen habe ich jetzt einen Geier vor Augen? Als würde er über mir kreisen? Das ergibt doch keinen Sinn, aber die Angst frisst sich in mein Herz ... *Der Geier / zerrt seinen Hunger durch den Himmel / meiner Hirnschale voll*

Himmel und Erde / im Sturzflug auf die bäuchlings Liegenden / die so bald zum Leben aufstehn und wandeln müssen / von einem Zellgeweb verhöhnt das taugen mag / wenn Hunger Erd und Himmel Aas geworden …[8] *… Seht ihr dort nicht in einem Kreis das leuchtende, / duftende Herz des Tages aufragen, / durchschwebt von lichten, jubilierenden Geistern / die sich zum heiligen Werke sputen? / Seht ihr dort nicht in einem Kreis die träumende Nacht aufsteigen, / mit verzaubernden, funkelnden, klingenden Geschmeiden beladen? …*[9]

Bist du wieder da? Hab' ich dich mit meinen Behauptungen verletzt? Das täte mir leid. Aber sieh, ich fühl' mich selbst angegriffen von institutionell organisierten Glaubensbekenntnissen, die das Urteil über die Richtigkeit religiöser Empfindungen und Vorstellungen zu monopolisieren versuchen. Bekenntnisse, die mit »ich glaube an…« beginnen, sagen mir nichts und sind mir bloßer Fahneneid. Ein Mensch ist, was er tut. Dass man einen Satz wie »er glaubt an nichts« rein negativ als Beschreibung eines unmoralischen Subjekts interpretiert, zeigt, dass man die Suche nach Wahrheit als eine bereits im Leben vollendbare Aufgabe ansieht.

Theologie unterschätzt als Lehre von Gott die Not einer einzelnen Seele, Psychologie als Lehre von der Seele überbewertet sie. Eine einzelne Wissenschaft sieht nur mit einem einzigen Auge. Angst aber ist beiderlei: Fühlen und Gefühltes. Sie ist, worin und was wir sind zugleich, ist momentan, aber auch immer da. Angst vor dem Nichts, Angst vor dem Anderen, Angst vor falschem Tun,

Angst vor Sünde, wenn du so willst. Leben heißt sündigen, denn wie könnten wir alle Folgen unseres Handelns je überblicken? Das Bekenntnis, unwissend zu sein, ist das einzige, das ich zu machen bereit bin (auch wenn ich weiterhin gerne etwas behaupte).

Kann man gottlos sein? Das ist in meinen Augen eine falsch gestellte Frage. Ich kann nicht ohne Verhältnis sein zu dem, was jenseits dessen liegt, wovon ich unmittelbar durch Erfahrung wissen kann. Ich darf darüber gegenüber anderen schweigen, und vielleicht sollte ich es auch, aber nicht gegenüber mir selbst. Dafür ist es zu bedeutend. Denn es bestimmt, ob ich will oder nicht, mein Handeln und das, was ich für mich bin.

Gefühle, die man religiös nennen kann, aber nicht muss, bilden die Grundlage menschlicher Existenz. Jeder erlebt und formuliert sie ein wenig anders. Mir entstehen sie, sobald es mir gelingt, beides zugleich zu fühlen und miteinander zu vereinen: Glückseligkeit und meine eigene Nichtigkeit. Wie schwer das ist, da unser Leben zu nichts anderem gemacht zu sein scheint, als beides strikt auseinanderzuhalten. Unser Leben sag ich, als hätten wir's noch in unserer Hand …

Glückseligkeit und Nichtigkeit, ein bisschen von allem und jedem, aber auch Angst vor diesem und jenem, als rücke eine noch ferne Gefahr auf mich zu: So komme ich mir gerade vor, und ich fühle mich matt, sehr, sehr matt sogar, obwohl ich dazu gezwungen werde, mich zu konzentrieren, dann tanzen Kleinigkeiten vor mir auf und ab, die sofort wieder verschwinden, die Spitzen eines Bartes etwa, die der Wind zaust, rieselnde Aquamarinsteinchen, eine uralte Todesurkunde in großgeschwungenen Schriftzügen, auf der ich nur das Wort *Abenddämmerung* entziffern kann, aber ich sehe auch Wiederbelebungsapparate, die mir irgendwie altertümlich vorkommen, sie sind rostig und verbogen und in einer schmutzigen Ecke abgestellt, dann wiederum sehe ich tanzende Flämmchen, auf denen anscheinend jemand geröstet wird, aber sie sind aus rotem Papier wie in einem Film von Fellini, sind sogar lustig und tun der Gestalt, die sie verbrennen sollen, offenbar nicht weh, obwohl von irgendwoher die Behauptung heranweht, Schmerzen hätten das Feuerchen gelegt, sie aus sich selbst geboren.

Und warum wird da obendrein behauptet, irre sei das Meer, weil es nicht an einer Woge sterben könne? Was soll der Unsinn? Es kommt mir so vor, als wären lebendig gewordene Erinnerungspartikel in ein Tohuwabohu geraten, als flögen gefiederte Gedanken darin herum, die zur Subversion einladen und doch keinen Sinn mehr ergeben, aber dann sehe ich einen Felsen sich nähern, sehe Kanten und Schründe – und nein! Nein, die will ich nicht sehen! *Wo ich Blut sehe*, sagt jetzt eine schwächliche Stimme, als käme sie aus Untiefen herangeschwommen, *bin ich verlockt und will nicht an euch vorübergehen*. Raus will ich, ich will aus diesem Traumschrott heraus! Bitte hilf mir und sag was Vernünftiges.

Als könnten wir allein durch Gegensätzlichkeit entstehen: Wie deine anfängliche Ruhe mich vorhin wütend machte, lässt mich deine Unruhe jetzt ruhiger werden. Wir sind beide verloren, das ist klar. Doch scheint diese Art der Verlorenheit unsere Stimme nicht völlig verstummen zu lassen. Eine Lebensform, die sich fortsetzt, ohne den eigenen Tod überwinden zu können. Du sprachst von Gedichten. Sind nicht auch Gedichte solche Stimmen? Ich als dieses reine Ich ist sonst nicht da. Was bist du im Leben mehr als Spiegel und Folge dessen, was gerade ist? Erst der Tod umschließt uns zu einem Ganzen. Solch ein Tod ist auch das Vernehmen der eigenen Stimme. Wir vermögen uns nur als Nachhall zu hören. Die Sterne, die wir im nächtigen Himmel zu sehen glauben, sind nichts als vor langer Zeit ausgesandtes Licht. Wir beide sind aus der Zeit gefallen. Wohin? Könnte man nur jemandem davon erzählen. Oh Mann! An unsere Art des Todes wird niemand glauben, der seinen eigenen noch nicht erlebt hat.

Gefallen sind wir, so kommt es mir vor, sogar rasant gefallen. Aus Gottes Hand? Oder doch nur aus der Zeit? Aber aus welcher? Aus der üblichen Menschenzeit des Kalenders im Frühjahr 2020? Vielleicht aus dem Nirgendwo ins Nirgendwo? Haben wir überhaupt je gelebt? Vielleicht bilde ich mir nur ein, dass ich eine Familie hatte. Ich sehe Felsschründe, habe furchtbare Angst, sehe eine grünblaue Weite, ach, ich weiß nicht, was das alles bedeuten soll und warum es mich ängstigt. Und warum bin ich plötzlich in einer riesengroßen Wohnung mit langgezogenen Fenstern, die alle mit Rollläden geschlossen sind, an den Wänden hängen riesige Spiegel gesprenkelt mit Silbersulfidflecken. Der innere Lichtfraß hat sie verstümmelt. Ich irre bang in den leeren Räumen umher und kann mich in keinem der Spiegel erkennen. Und jetzt? Was ist das jetzt? Die geborgte Leere des Todes? Wie kann ich denn sein und gleichzeitig nicht sein? Habe ich nur in der Erinnerung gelebt, in der es eine Familie gab und eine Kirche und einen Chor, in dem ich gesungen habe? Mit Inbrunst die *Madrigali spirituali* von Monteverdi? Oder das *Officium defunctorum* von Christóbal de Morales? Eine ergreifende Meditation über die Mysterien von Leben und Tod. Ach, was ist das nur für ein Chaos, in dem die Bilder fluten, die Gedanken herumtorkeln und sich ein Todeskorn herumtreibt, aus dem nichts erwächst.

Aber nein, wir gehen allmählich auf – wie kleine Tropfen im großen Meer. Du glaubst, deinen Halt zu verlieren, er ist nur eine Grenze, die wir überschreiten können. Lass uns die irdische Identität einlösen gegen den Zutritt zum Zielort unserer Reise.

»Wo gehen wir denn hin? Immer nach Hause«, heißt es bei Novalis. Heidegger sprach von der menschlichen Existenz als einem »Sein zum Tode«. Solche Gedanken mögen einem Menschen, der mitten im Leben steht und dem der Tod nur eine ferne Drohung ist, pessimistisch erscheinen, vielleicht sogar nihilistisch. Tatsächlich kommen solche Gedanken besonders dann, wenn ein ursprünglich optimistisches Lebensgefühl durch äußere Erfahrung und Enttäuschung in Frage gestellt wird. Aber worin unterscheidet sich dieses Wissen um die eigene Endlichkeit von jener wunderbaren barocken Jubelstimmung, mit der die Sänger in Johann Sebastian Bachs Oratorien und Kantaten ihren Tod als die lange ersehnte Begegnung mit Jesus Christus verklären? Allein durch die freudige Bejahung alles Unvermeidlichen.

Wie anders willst du Gott nahe kommen, als indem du seine Schöpfung annimmst, wie sie ist? Eine Schöpfung, die auch Unrecht, Leid und Tod beinhaltet. In einer rastlos vom politischen Kampf beherrschten Welt mag das wie purer Zynismus klingen. Aber ist nicht, wer selber ständig zu wissen glaubt, was richtig und falsch, Recht und Unrecht, der eigentliche Atheist?

Ja – aber! So geht das ständig zwischen uns, und ich ermatte. Jetzt will ich mich aber noch mal richtig aufraffen, um dir zwar nicht in allem, aber in manchem zu widersprechen. Ich suche die Bedeutung des toten Irgendwie-Seins nicht als Gewesen-Sein, nicht als langsam in der Ermattung sich selbstaufzehrende Gespensterei. Leblos oder starr fühle ich mich überhaupt nicht, nur ermattet von den herandrängenden neuen Erfahrungen, deren Bedeutungsladung ich leider nicht so frisch und erhellend aufnehmen kann, wie sie es verdienen. Und das erzeugt eine gewisse Ratlosigkeit, die den Glauben durchwuchert. Es ist mir nicht möglich, grundvernünftig auf mein früheres Leben zu blicken, um das Gute und das Böse meiner stattgehabten Handlungen und auch so mancher in die Schwärze getauchten Gedanken zu erkennen.

Viele Lektüren, die mich früher fasziniert haben, begehrten gegen die Auslöschung alles Lebendigen durch den Tod auf. Franz Kafkas Texte tun dies in hohem Maße, obwohl sie von verzweifelten Irrgängen handeln, die das Leiden und Weinen zugunsten einer sich selbst verordneten Trockenheit zurückhalten. Fast ohne es zu wissen oder es zu wollen, keimt in ihnen das Flackern einer Hoffnung, der Glaube an ein Wunder, das im Herz des Lesers aufwächst, gerade da, wo die Verstörung tief ist und alles unrettbar erscheint. Nein, die Welt, in der sich die Menschen mit ihrem Gewerkel eingerichtet haben, ist nicht vernünftig, obwohl der Popanz der Vernunft allerorten angebetet wird. Die Welt sieht uns eben gerade nicht vernünftig an, wie Hegel einmal so standhaft von ihr behauptet hat.

Wenn wir uns ständig in einem von uns selbst gemachten Spiegel betrachten, der unserer Eitelkeit schmeichelt, sind wir verloren, dann kommen wir vom Bann des Bildes, das wir darin zu erkennen vermeinen, nicht mehr weg. Dieses Bild ist leblos und kalt, da mögen wir vor dem Spiegel oder dem Auge der Kamera noch so sehr herumhampeln, wie wir wollen. Hier oben sind wir in einem spiegellosen, freien und unendlichen Raum angelangt, dessen Stummheit uns Angst einjagt. Aber vielleicht ist gerade das ja der Zweck unseres momentanen Verharrens und Ausgeliefertseins. Du sehnst dich nach dem völligen Vergehen, ich sehne mich nach dem Angenommensein von Gott, durch die ein dramatisches Aufleben, eine neue Seinsgewissheit, in mich einströmen wird. Ich habe nie vergessen, dass meine Existenz in etwas wurzelt, worüber ich nicht restlos bestimmen kann. Und das machte mein Sehnen und Hoffen bisweilen tollkühn. Nicht ich bin mein Herr, sondern Gott ist der Herr, der über mich entscheidet, weil Er selbst das Unendliche mit den Fingerspitzen berührt. Wenn Menschen sich auf ihr eigenes Heil verdächtig flink berufen und die Kenntnis von sich abweisen, dass das Heil allein Gott gebührt, dann geht es schlimm und grausam zu. Wir beide wissen, was das Wort *Heil,* in Massenaufmärschen herausgeschrien und als Grußwort pflichtgemäß verwendet, bedeutet hat. Die angemaßte Maßlosigkeit des Menschen macht das Leben auf Erden zur Hölle; das Maß, das uns richtet, uns in den erfüllten Gnadenstand erhebt oder verstößt, siedelt in der Macht Gottes. Kehren wir in der Stille in uns ein und warten ergeben, dürfen wir hoffen.

Ich verstehe dich immer am besten, wenn du dich nicht hinter liturgisch klingenden Formeln versteckst. Auch ich sehne mich nicht nach bloßer Daseinsvernichtung. Doch was war ich vor meiner Geburt? Wer war ich, bevor ich in ein Leben taumelte, das mich in seiner Widersprüchlichkeit zu pausenlosem Balancieren zwang?

Ergeht es einem mit dem Leben nicht wie einem Hündchen, das jeden Morgen vom Herrchen verlassen wird? Was das Hündchen sehen kann, ist, dass das Herrchen fort ist. Aber wie soll es begreifen, warum? Wie soll der Hund sehen, was sich nicht unmittelbar vor seinen Augen abspielt? Niemals wird er begreifen, wozu es Büros gibt, und was sein Herrchen dort so lange macht. Und dennoch wird das Hündchen nie auf die Idee kommen, dass es selbst nur einfach zu dumm ist, die ganze Sache zu begreifen. Was wir für die Welt halten, ist in Wirklichkeit immer nur das Maximum unserer Denkmöglichkeiten. Deshalb wiederspreche ich dir und halte es mit Hegel und Kant: Die Welt blickt uns durchaus vernünftig an, sie kann gar nicht anders, da ihr Blick in Wirklichkeit der unsere ist. Was wir an ihr für unvernünftig halten, ist bloß ihr Abweichen von unseren eigenen Zwecken, Wünschen und Hoffnungen.

Übrigens wundere ich mich auch darüber, wie eigenwillig du Kafkas Texte interpretierst. »Fast ohne ihr Wissen oder ihren Willen«, meinst du, »keime in ihnen das Flackern einer Hoffnung, der Glaube an ein Wunder, das im Herz des Lesers aufwächst«. Ein Text, der von sich selbst nichts weiß und nichts will, verdient es tatsächlich, zur Beute eines Lesers voller Hoffnungen und Glauben zu werden. Aber handelt es sich hier um Texte, die von sich nichts wissen und nichts wollen? Liebe Gertrud, ich fürchte, dein Kafka und dein Beckett waren sich selbst nicht dieselben, die sie dir sind. Du wirst noch aus der schwärzesten aller Nächte nichts als Hoffnung und Glauben hervorglänzen sehen. Wie gesagt, die Welt blickt uns mit unserem eigenen Blick an. Der meine auf solche Texte ist ein anderer: Mir imponiert an solchen Autoren, dass sie ihrem persönlichen Gefühl vollkommener Aussichtslosigkeit Herr zu werden versuchen, indem sie Komik als eine allerletzte Möglichkeit menschlicher Souveränität demonstrieren. Der herzhafte Sprung eines Verzweifelten in den unvermeidlichen Abgrund, geistreich, ohne Klage oder Bitternis, fast schon schelmisch.

Hab ich dich nun endgültig ermattet? Das täte mir leid. Aber sei endlich einmal ehrlich: Ist nicht auch dir der Widerspruch ein Lebenselixier? Vielleicht fällt uns der Tod nur deshalb so schwer, weil jeder von uns das letzte Wort haben möchte.

Ich gebe zu, dass mich dein Widerspruch wachhält. Außerdem bezweifle ich gar nicht, mit welcher Verve sich Kafka und Beckett in die vertrackte Welt der unheimlichen Komik gerettet haben. Wenn ich mich recht erinnere, hat Schopenhauer mal geschrieben *Leiblich Nirgendwo sei geistig überall*. Aber unser Verstand oder unsere Einbildungskraft, sie sind nur bedingt die Schöpfer unserer Freiheit, auch wenn sie sich noch so sehr ins Weite entgrenzen. Dinge, Tiere, Menschen sind aus ihrem uns bekannten Reich entglitten, während wir beide uns in eine Art Neuauflage des Lebens versetzt fühlen, mit einem Unterschied: Du glaubst in einer Art klaffenden Lücke des Nichts zu hocken, in der der Argwohn haust, für dich hat es Gott vielleicht mal als Kind gegeben, aber Er ist dir in sich selbst erloschen, ich lebe in Erwartung der großen Wunderblüte leuchtender Palmzweige des Friedens und der umfassenden Gunst, die mir neuen Schwung verleiht, eine Gunst, die nicht in bedrohlicher Abstraktion schwelgt. Ich will nicht im fahlen Traumlicht herumkrauchen, nicht in der Dunkelheit verzweifeln, aber auch nicht ins gleißende Licht der absoluten Erkenntnis eintauchen, denn sie ist fressend, ihre Bahn hat zu wenig Erbarmen. Lass mich, Gott, im linden Schatten deiner funkelnden Zuversicht gedeihen, die du spendest. Amen.

Entschuldige, dass ich gerade so für mich gesprochen habe, als wärest du gar nicht da. Ich sollte rücksichtsvoller sein. Und bitte verzeih, dass ich dich in die klaffende Lücke des Nichts gesetzt habe, das war unfair. Stell dir vor, ich nehme den bösen Satz jetzt in die Hand und zerreibe ihn, bis er zerbröselt. Aber bitte: Machen wir Schluss mit dem kosmischen Pessimismus, der sich in der dunklen Metaphysik der Negation herumtreibt.

»Wunderblüte leuchtender Palmzweige des Friedens …« Na gut, so schwimmt jeder im Ozean seiner Bilder und Begriffe und fühlt sich vom Auftrieb der Metaphern gut getragen. Erlösung ist das nicht, auch Demut nicht, nur Wohlgefühl im Reiche eigener Erzeugung. Gut leben lässt sich so, doch nicht sterben. Die eigene Infragestellung, das Zerplatzen deines irdischen Ichs, die Annullierung dessen, was eben noch von höchstem Wert, das alles ist von anderem Kaliber. In meiner letzten Sekunde will ich mich nicht bedröhnen mit farbigen Begriffsfresken voller Harmonie. Ich will noch hören, wie es knallt und zerbricht.

Ich kann gut akzeptieren, dass du meine Vorstellung oder besser gesagt: Hoffnung auf das Paradies nicht teilst. Aber *bedröhnen* ist sicher das ganz falsche Wort. Das wahre und zugleich behutsam wärmende Leuchtfeuer der Erkenntnis, nach dem ich mich sehne, führt in eine vollkommen andere Erhöhung der Seinsweise. Vermutlich wird es gar nicht dazu kommen, dass die Erinnerung an die Jammertäler, die wir durchschritten haben, völlig gelöscht ist. Auch die Erinnerung an unsere Schuld könnte durchaus lebendig bleiben, aber sie drückt nicht mehr zu Boden, erstickt nicht, führt nicht zu den krummen Wegen der Verleugnung, hat keine Ersatzhandlungen im Gepäck, okkupiert nicht mehr den Freiraum des Denkens und der Anschauung. Knallen, Brechen, Dröhnen, so ein gewalttätiges Zeugs, auf das du offensichtlich wartest, um ich weiß nicht was für ein Mütchen daran zu kühlen, darauf warte ich jedenfalls nicht.

Aber halt … kannst du noch immer nichts sehen? Wirklich nicht?

Alles, was ich bisher sah, war eine Aktentasche, die kurz vor mir auftauchte und mich schmerzhaft an etwas erinnerte, ohne dass ich wüsste woran.

Schade! Das wird ja wieder mal interessant hier. Ich hätte dich so gern dabei, wenn …

Kommen Sie ruhig näher, ja bitte, so ist's gut!

Sie sind vermutlich neu hier. Noch so voller Konturen.

Ja, das stimmt. Sie können mich also sehen, nicht nur hören?

Selbstverständlich kann ich das.
Sie gehören inzwischen ja zu uns.

Und wer ist dieses *Uns?* Scheinen ja etliche Leute zu sein.

Unermesslich viele. Kann man nicht zählen.
Aber man bewegt sich gewöhnlich in einer kleineren Kohorte,
von der man die meisten Leute oder zumindest einige davon
kennt. Aber ich habe vergessen, mich vorzustellen – damals,
es ist schon ein Weilchen, aber auch wiederum keine Ewigkeit
lang her – hieß ich Chesterton, Gilbert Keith.

Was? *Der* Chesterton? Das ist ja toll! Ich habe einiges von Ihnen gelesen, allerdings in deutscher Übersetzung, weil mein Englisch früher nicht so gut war. Wissen Sie, ich war Französisch- und Lateinlehrerin, da ist man für gewöhnlich im Englischen recht fragwürdig zu Hause. Ich heiße übrigens Gertrud. Ihre Bücher fand ich Spitzenklasse, herrjemine! So gescheit und gewitzt! Nie langweilig. Und Sie haben das Beste von Ihrer Kirche geerbt. Fabelhaft, wie Sie wichtige religiöse Themen in Ihre auf den ersten Blick säkular anmutenden Texte einschmuggelten. Die tumben Religionsverächter hatten mit Ihnen jedenfalls kein leichtes Spiel.

Danke sehr! Tut immer noch gut, obwohl ich mich so langsam
von meinem zweifelhaften Rühmchen befreien sollte.
Hier oben gibt's ja nicht mehr gar so viel zu spekulieren und
zu theoretisieren. Wir müssen einfach warten und brauchen
Geduld. Hin und wieder kommt Bewegung in unsere Sippschaft,
dann scheuchen wir uns gegenseitig ein bisschen herum.

Ach was! Seien Sie nicht zu bescheiden. Sie waren (und sind natürlich noch) einer der hellsten Köpfe der letzten Jahrhunderte, sehr frei im Geiste und sehr verblüffend waren Sie auf Ihren geistigen Wanderungen unterwegs. Ein anderer Liebling von mir, der Schriftsteller Heimito von Doderer, hat Sie im Übrigen auch sehr geschätzt. Der ist Ihnen hier oben aber noch nicht begegnet?

Leider nein.

Ich habe Sie deshalb so bewundert, weil Sie immer so frisch schrieben, so unerwartet Ihre Geistesblitze verfeuerten, zugleich pochte in Ihrer Seele ein Herz für arme Leute, die nicht viel gelten in einer verrohten Gesellschaft.

Tempi passati. Hier gibt's nichts mehr zu verfeuern.

Sie konnten in ein bitterernstes Schweigen verfallen, aber sie liebten auch das Paradox, darin lag Ihre schwunghafte Kratzbürstigkeit, die mich so sehr anzog.

Tja, schönschön, wirklich schön, aber ich fürchte,
hier oben nützen mir meine Scherze und Abgründeleien
nichts mehr. Bitte erlauben Sie mir, dass ich mich wieder
entferne. So herrlich das Lob klingt, das Sie mir spenden,

hier oben wirkt es deplatziert. Ich versuche ja gerade, mich
von meinen Geistreicheleien zu befreien. Die komplizierten
Labyrinthe, in denen sich die Schlauen so gern tummeln,
die sind hier nichts wert. Also – adieu, werte Dame, versuchen
Sie, Ihren Mut nicht zu verlieren. Wir alle warten, hoffen
und glauben an die Liebe.

Schade, verschwunden ist er! Ist doch sensationell, oder etwa nicht? Denk dir nur: Das war Chesterton, na ja, nicht mehr wie er leibte und lebte, er leibte ja ziemlich umfänglich, aber blitzwach wie eh und je!

Chesterton? Der Schlaumeier und Antisemit? Es ist mir längst aufgefallen: Mit derselben Entschiedenheit, mit der du verdammst, verehrst du auch. Mich berührt jede Art der Verehrung unangenehm. Indem sie einen bloßen Teil für das Ganze hält, droht sie blind zu machen. Wie selbstloses Hintansetzen des eigenen Ichs kommt das Verehren daher. In Wirklichkeit besteht es aus dessen Entgrenzung durch Emotion. Niemand fühlt sich lebendiger als der Verliebte. Niemand verhält sich unvernünftiger.

Und übrigens begeistert dich Chesterton, weil er sagte, was du selber dachtest. Er war dir ähnlich. Wäre es nicht besser, den eigenen ohnehin beschränkten Vorrat an Aufmerksamkeit und Verständnis an das zu wenden, was uns anders und fremd erscheint? Und wäre es nicht besser, die Wurzeln unserer Vorlieben und Abneigungen genauer zu untersuchen, als uns wiederholt in deren Blütenkelche zu senken?

Nirgendwo wird der Widerspruch, der wir sind, deutlicher als in der Liebe. Wie könnten wir uns selbst je ganz hingeben? Sogar wenn wir unser Leben opferten, wäre es doch höchstens ein Teil davon. Das bereits vergangene Leben kann ich nicht hergeben. Es gehört mir nicht. Niemals halten wir unser Selbst in der eigenen Hand, und nie vermögen wir ganz und gar selbstlos zu sein. Eine einzelne Handlung mag uns imponieren, der einzelne Mensch bleibt unfassbar. Zu sehr ist er verstrickt.

Nur wenn du das vergisst, kannst du einen Märtyrer zum Heiligen stilisieren und verklären. So wird auch begreiflich, warum Judentum und Islam mit der Göttlichkeit von Jesus hadern. Einen Menschen mit Gott in eins zu setzen, das ist, was du *Wischiwaschi* nennst. Höchstens ein beherzter Sprung der Dialektik vermag aus zweien eins zu machen, indem er sie zu einem höheren Dritten erklärt. Einen solchen Sprung wollen nicht alle tun. Doch sind nicht schwarz und weiß ein- und dasselbe im Begriff Farbe?

Aber wieder falle ich in einen belehrenden Ton. Erklärte ich, was du sagst, für gänzlich falsch, würde ich zunichtemachen, was ich vermitteln will. Was ist Hingabe anderes als die Auflösung des Ichs in etwas vermeintlich Höherem, Größerem? Im Leben fiel mir solche Hingabe schwer. In dem, was mir begegnete, vermochte ich nichts rein Heiliges oder rein Unheiliges zu erkennen, alles war aus beidem zusammengesetzt. Vielleicht lag es auch an einem Trieb, alles in seiner Zweiseitigkeit erkennen zu wollen und lieber nach Zusammenhängen zu suchen als nach Einfachheit und Dingen. Aber so habe ich es erlebt: Alles, was ist, sind bloß Spuren. Spuren, die ihrerseits verweht werden. Seine Flüchtigkeit erschien mir das Geheimnis jedes Wesens.

Um die grobe Härte, mit der du zu verdammen neigst, beneide ich dich nicht, wohl aber um deine Fähigkeit, enthusiastisch zu sein. Auch ich glaube an das Heilige, Reine, Ewige, doch nicht daran, dass ich ihm je begegnen könnte. Wo es anfängt, höre ich auf. Für mich ist es das Unvorstellbare, für dich das Verehrungswürdige. Aber darin stimmen wir vielleicht überein, dass hier Fühlen und Gefühltes schwer zu unterscheiden sind.

Ich weiß nicht, wie das hier mit uns weitergehen soll. Nichts kommt voran. Immer noch spüre ich in mir, was ich war: ein Seiltänzer, der jederzeit aus großer Höhe… mein Gott! Was ist das?

Was meinst du? Wo?

Dort! Die Aktentasche. Da ist sie wieder. Siehst du sie denn nicht? Sie stürzt auf uns herab!

Du hast recht. Ganz kurz habe ich sie auch wieder fallen sehen. Aber ich war abgelenkt, weil ich mich darauf konzentriert habe, dir zuzuhören. Kurios. Mir macht die Tasche auch Angst, obwohl es ja deine ist. Sehr sogar. Jetzt bin ich aber schon wieder ganz durcheinander und kann dir nicht recht darauf antworten, was du gerade gesagt hast. Nur so viel – du sprichst mit mir immer so entschieden – entweder Ja oder Nein. Außerdem unterstellst du mir, dass ich naiv bin. Dass ich einige Bücher von Chesterton gelesen habe, die ich ausgezeichnet fand, heißt noch lange nicht, dass ich ihn wie ein aufgeregter Teenager verehre. Aber es ist doch mehr als ungewöhnlich, ausgerechnet ihn hier zu treffen, das musst du wenigstens zugeben. Übrigens ist mir unbekannt, dass er Antisemit gewesen sein soll. Den Schriften, die ich gelesen habe, war das nicht anzumerken.

Gottes Wandel

… denn wir sehen bei Kierkegaard bereits deutlich die Psychologisierung bisher rein philosophisch und theologisch formulierter Positionen. Was meine ich damit? Im Verständnis der Antike und des christlichen Mittelalters war die Welt eine objektive Gegebenheit. Gegeben durch die Götter oder durch Gott. Subjektive Fehleinschätzungen galten als ein Werk falscher Begierden, des Wahns und des Teufels. Doch in der Neuzeit wandelte sich mit der Zunahme ihrer technischen Beherrschbarkeit auch das Verständnis von der Welt. Zunehmend entwickelte sie sich zur subjektiven Gegebenheit, geformt vom je besonderen Blick des Subjekts.

Gott trat seine Schöpferrolle so weit an den Menschen ab, dass dieser jenen als sein eigenes Geschöpf anzusehen vermochte. Oder anders: Gott sei immer nur das, was ich in ihm sehen möchte. Diese Vorstellung ist uns so geläufig, dass wir die Religion zu einer Privatsache erklären konnten. Eine Vorstellung, die jemanden mit dem früheren Welt- und Gottesverständnis zutiefst befremden muss.

Meine Damen und Herren, dies alles hören Sie nicht zum ersten Mal. Wenn ich davon sprach, dann nur um Folgendes besser verständlich zu machen: Psychologisierung heißt Versubjektivierung. Gott geht auf in der einzelnen Psyche. Er kehrt aber zurück in der Form psychologischer Gesetzmäßigkeiten. Dies ist nun Gott: dass ein Mensch sich unter bestimmten Bedingungen so und so verhält und entwickelt. Das ehemals moralische Gesetz wird zum naturwissenschaftlichen. Das Gesetz aber bleibt stets göttlicher Natur. Gott war niemals tot. Er verlor nur seine Unberechenbarkeit. Nun, so meint man, sei er in weiten Teilen ausrechenbar. Nur, wie viele Teile sind das im Verhältnis zum Ganzen? Können psychologische Gesetze das Schicksal eines Menschen erklären? Was, wenn Ihnen ganz persönlich etwas Schreckliches widerfährt, was Ihnen völlig unbegreiflich erscheint? Etwa urplötzlich, wie ein Blitz aus dem Himmel, Ihr eigener Tod. Kehrt dann der alte Gott zurück?

Du warst wieder mal weg, oder? Vor mir ist wieder alles so trübe. Die Seelen sind verschwunden, und ich grübele deiner Tasche hinterher. Falls es dieselbe sein sollte, an die wir beide uns erinnern, müssten wir ja in irgendeinem Zusammenhang dasselbe oder zumindest etwas Ähnliches erlebt haben. Sonst wären wir in einem Paralleluniversum unterwegs gewesen, und diese Vorstellung wirkt auf mich sehr fremd, um nicht zu sagen: abwegig.

Die Aktentasche, ein gescheiter Vortrag und entsetzliche Angst ... Als geschehe gleich etwas Schreckliches. Frag nicht nach Erklärungen, ich habe keine. Paralleluniversum? Ja, doch. Ein Universum als mehrere: Etwas wird behauptet und zugleich bestritten. Schauer der Wahrheit: die Erfahrung, dass etwas nicht sein, aber geschehen kann. Ein Kuscheltier, dir hingehalten und entrissen. Das Leben, wie ich es kannte.

Na, na, du übertreibst mal wieder gewaltig. Mir hat man meinen Lieblingsbären nie entrissen und auch sonst nicht gar so viel. Aber die Erinnerung an deine Tasche lässt mich nicht los. Sie war braun, mit Schnallen aus Messing versehen, schon alt, sehr schön, mit Gebrauchsspuren – so wie Dinge aussehen, die man liebt und viele Jahre mit sich führt, und die dadurch unersetzlich werden. Stimmt's? Habe ich deine Tasche richtig in Erinnerung?

Schon, aber wie könntest du eine Erinnerung an meine Tasche haben? Ich verstehe nichts mehr. Es scheinen nur noch Fetzen da zu sein, die nicht zusammenpassen. Wer war ich? Und du – welche Art von Beziehung bestand zwischen uns?

Möglicherweise bin ich ein Bruchstück dessen, was ich war. Du hältst dich für ein Individuum, der lateinische Begriff für etwas Unteilbares, der griechische würde *Atom* lauten. Doch so wie das, was wir im Leben Atom nennen, nicht unteilbar ist, handelt es sich auch bei dir als Individuum um nichts Unteilbares. Alles Wirkliche ist teilbar: eine Nation, eine Generation, das Sonnensystem. Ja, man kann es sogar umgekehrt sehen, dass nämlich das, was wir für ein Ganzes halten, nur das Zusammenwirken von Teilen ist, die ihrerseits je ein Ganzes bilden, also einem Zusammenwirken von Teilen, die ihrerseits.... Indem wir sagen, etwas sei bloß, was es sei, irren wir. Denn alles ist auch das, wofür wir es halten.

Du kennst die Bilder, die Computer bei einem Gehirnscan erzeugen. Da leuchten bei bestimmten Gedanken und Gefühlen Stellen auf, und man erklärt dir, es handele sich um Areale, die für Emotionen, Sprache oder etwas anderes zuständig seien. Mich dagegen erinnern diese Blitze an Gewitter, bei denen sich unerträglich gewordene Spannungen entladen. Und dann denke ich mir, wir seien solche Entladungen und haben keinen bestimmten Ort. Gibt es im Himmel noch Spannungen, die sich entladen müssen? Unser Körper war eine Lebensbedingung wie die Luft, die wir atmeten. Er war die Form, in der wir einander erschienen. Er war so manches. Aber er war nicht, was wir selbst sind.

Ich kann dir nur schwer folgen, fühle mich gar nicht, als hätte es eine Entladung gegeben. Wie auch immer mein derzeitiges Seelenkomposit zusammengesetzt sein mag – ich komme mir noch intakt vor, zumindest im Sinne der Person, die mein Innerstes einst ausmachte und die immer noch vorhanden ist. Aber Moment mal, da kommt schon wieder jemand auf mich zu, um Kontakt aufzunehmen.

Bitte kommen Sie doch näher … ja, ja, bitte noch ein Stückchen, damit wir uns besser unterhalten können. Ich bin ganz frisch hier eingetroffen, deshalb bin ich froh, wenn ich von Ihnen mehr erfahren kann, wie …

Im Schlafbaum wohn ich hier, ich habe aufgehört zu bluten,
bin näher dem Milchstraßenrand, die Knochen meines
Rückgrats spür ich nimmer.

Das klingt etwas seltsam. Würden Sie mir Ihren Namen verraten?

Christine. Ich lebe in meinen Gedichten, warte in meinen
Gedichten, dass man mich erhört. Aber ich warte auch darauf,
dass Gott sich meiner annimmt und den Pessimismus meiner
Gedichte Lügen straft.

Ach, sagen Sie mir doch eins auf!

Eigentlich will ich davon loskommen.

Nein, bitte, ich möchte so gern eines von Ihnen hören.

Sie werden es nicht mögen, ich mag es auch nicht mehr.
Es gehört zu einer aufgegebenen Existenz, die mir immer
fremder wird. Aber wenn Sie mich so dringlich darum bitten …
Ich hoffe nur, man wird mir dafür vergeben, alles Vergangene
klingt so trostlos. Es bricht mir fast das Herz, wenn jetzt
die Worte in mir hallen:

Kreuzzertretung! – Eine Hündin heult
sieben Laute, ohne zu vergeben,
abgestiegen in die Hundehölle
wird ihr Schatten noch den Wurf verwerfen.

Oben bleibt der Vorhang ohne Riss,
nichts zerreißt um einer Hündin willen,
und der Herr – er ließ sich stellvertreten –
sitzt versponnen bei den ganz Vertrauten.

Auch die Toten durften nicht herauf!
Vater, Mutter, – keines war am Hügel,
und die Sonne hat sich bloß verfinstert
in zwei aufgebrochnen Augensternen.

Von der Erde bebte kaum ein Staub,
nur ein wenig sank die Stelle tiefer,
wo der Balg, dem man das Kreuz zertreten,
sich noch einmal nach dem Himmel bäumte,

Der Kadaver – da ihn niemand barg –
Kraft der Schande ist er auferstanden,

um sich selbst in das Gewölb zu schleppen,
wo Gottvater wie ein Werwolf haust.[10]

Das ist doch arg? Finden Sie nicht? In mir hallt es nach,
aber es ist mir fremd geworden.

Die Wahrheit ist bisweilen grausam. Und Sie werden reichlich
Grund gehabt haben, ihre Poesie in solche Düsternis zu hüllen.
Bitte verraten Sie mir doch Ihren Nachnamen.

Lavant.

Ach! *Die* Lavant? Sie sind die berühmte Dichterin Christine
Lavant? Ich habe Sie sehr verehrt, aber dieses Gedicht kannte
ich noch nicht.

Es wäre besser nie aus mir herausgekrochen.
Ich hätte besser meinen Mund halten sollen ...

Nein, nein, bitte gehen Sie nicht. Ihr Gedicht besitzt eine un-
geheure Kraft. Die Kraft der Verzweiflung, die ... Schade, nun
hat sie sich wieder zurückgezogen.

Sie wird ihre Gründe haben. Vielleicht ähneln sie denen, die mich
anfangs über deine Stimme erschrecken ließen. Nur wurde mir
die Flucht verwehrt. Nichts flieht der Verzweifelte lieber als billi-
gen Trost. Das Angebot eines Kinderglaubens vertieft in ihm nur
den Schrecken, auf dieser Welt einsam zu sein. Was ihm dagegen
eine Atempause verschafft, ist das Schreiben solcher Gedichte.
   Nur ist es nicht leicht, ein solches Gedicht zu interpretieren.
Ist es ein Klagegedicht, eine Elegie über die Verbrechen und das

Leiden der Menschen, ein Schrei, der für einen Moment freier atmen lässt? Oder ist es eine Vision wie die *Rede des toten Christus vom Weltgebäude herab, dass kein Gott sei* in Jean Pauls *Siebenkäs*? Jean Paul beschreibt eine gottlose Welt, die er alptraumartig als »Leichnam der Natur« bezeichnet. Listigerweise sieht er aber nicht im Gottesglauben das entscheidende Kriterium für die Erlangung des Glaubenstrostes. Atheismus lasse sich ohne Widerspruch mit dem Glauben an Unsterblichkeit verknüpfen: »Denn dieselbe Notwendigkeit, die in diesem Leben meinen lichten Tautropfen von Ich in einen Blumenkelch und unter eine Sonne warf, kann es ja im zweiten wiederholen; – ja noch leichter kann sie mich zum zweiten Male verkörpern als zum ersten Male.«

Nun, das ist Poesie, wirst du sagen. Wie soll man als jemand anderes wiedergeboren werden, das wäre schon aus logischen Gründen naiv. Ja schon, würde ich antworten, aber ist es naiver, als an ein himmlisches Weiterleben der Gerechten zu glauben? Macht es so viel aus, wenn Menschen Trost auf unterschiedliche Weise suchen? Ist es nicht viel schlimmer, dass sie sich dabei rechthaberisch und intolerant verhalten? Jean Paul sagt es so: »Die Menschen leugnen mit ebenso wenig Gefühl das göttliche Dasein, als die meisten es annehmen.«

Aber noch was anderes: Warum begegnen dir ständig irgendwelche interessanten Berühmtheiten? Du scheinst sie anzuziehen wie die Motten das Licht. Wo sind die Langweiler? Werden sie dich nie wieder quälen? Glaubst du dich schon im Himmel?

Mit Jean Paul triffst du bei mir ins Schwarze. Er ist einer meiner Lieblingsschriftsteller, sehr fein, sehr komisch, auf hintersinnige Weise märchenhaft, wiewohl seine Märchentändeleien gewiss nicht für Kinder geschrieben sind. Seine *Rede des toten Christus vom Weltgebäude herab* hat es wirklich in sich!

Mich hat der Text sehr beeindruckt, ich hatte Mühe, mich vom grundlegenden Skeptizismus des Autors, zwischen dessen luftigen Satzmaschen nur ein schwacher Trost durchblitzt, wieder zu befreien.

Warum mir eher interessante Persönlichkeiten begegnen, weiß ich nicht. Vielleicht hat man es so arrangiert, um mich zu belehren. Allerdings scheinen Chesterton und die Lavant eher ratlos zu sein im Hinblick auf das, was sie und mich, vielleicht auch dich, erwartet. Wobei mir die Gedichte von Christine Lavant stärker zugesetzt haben als die Prosa von Chesterton, der zweifellos äußerst gewitzt und klug ist. Die Lavant bietet verstörende Herzensnahrung, in ihrem *Weder aus noch Ein* gibt es den einfachen Befreiungsschlag durch das Glaubensbekenntnis nicht. Bei ihr wird nicht alles gut, obwohl Gott als starke Wirkmacht angerufen wird. Chesterton hingegen hat aufgekratzte Lebensweisheiten am laufenden Band serviert, die mit einem Schuss Komik versehen sind. Katholisch waren sie beide. Sie hadernd mit brennender Intensität. Er locker und pfeffrig. Beide hinreißend gut.

Eigentlich kam ich dir nur deshalb mit Jean Paul, weil ich nicht mehr weiß, wie ich dich aus deinem Reich der schönen Seelen herauslocken kann. Die Erfahrung eigener Nichtigkeit ist dir offenbar weniger ein Gefühl für die eigene Ausmerzung als ein ästhetisches Ereignis, das danach verlangt, in seiner Qualität beurteilt zu werden. Wie einst dem König Midas alles, was er berührte, sich in Gold verwandelte, wirst du auch im grauenvollsten Schmerzensschrei noch das gute vom schlechten Gedicht unterscheiden wollen. Du bist ein Fels, an dem ich allmählich zerbreche. Ist dir der Zustand deiner eigenen Infragestellung und Zerrissenheit so fremd? Bitte antworte nicht mit dem Zitieren eines dazu passenden Gedichts.

So spottete Hegel über die schönen Seelen: ihr Handeln erschöpfe sich im Anschauen der eigenen Göttlichkeit. Ihre Gemeinde sei ein Gottesdienst in sich selbst, der in der gegenseitigen Versicherung ihrer Gewissenhaftigkeit, guten Absicht und dem Erfreuen über die wechselseitige Reinheit bestehe, dem Laben an der Herrlichkeit des Wissens und Aussprechens, des Hegens und Pflegens solcher Vortrefflichkeit.

Gertrud, ich bitte dich! Sollen wir die Zeit verplaudern, als wollten wir die Besucher einer Kulturveranstaltung in Stimmung versetzen? Wo ist unser Blut? Wer hat uns umgebracht? Was geschah mit unseren Leichen?

Wahrlich, mir geben nicht nur die schönen Seelen zu denken – ganz und gar nicht! Unentwegt rätsele ich daran herum, wie wir gestorben sind. Nur wollte ich dich damit nicht belästigen, weil du mit deinem anfänglich herausgekrähten *Tot-tot-tot-Sein* irgendwie zufrieden schienst. An ein Krankenhaus oder ein Grab kann ich mich überhaupt nicht erinnern. Aber ich erinnere mich an ein Chaos, an Schreie, an deine fallende Aktentasche, dann überkommt mich eine überwältigende Angst. Vielleicht ist das alles nur Einbildung, ein böser Traum, aber mir kommt's so vor, als würde ich auch das Meer sehen, irgendwie schräg, wie halb auf den Kopf gestellt.

Das Meer? Jetzt bloß nicht wieder metaphorisch werden. Allmählich möchte ich wissen, was hier gespielt wird. Wer hat deiner Stimme mein Ohr geschenkt und meiner das deine? Zerschnitten! Wir sind Opfer eines Attentats. Jemand hat uns in die Luft gejagt, wo wir nun als verglimmende Gestalten und marklose Wesenheiten des verflüchtigten Lebens – Hilfe! Wer weiß, wie lange das noch geht. Ein allerletztes Glitzern zweier vom Ganzen zurückgeschluckter Teilchen. Es wird allmählich klar: Man hat uns in eine Art von Zentrifuge gesteckt. Gleich wird sie anfangen, sich zu beschleunigen. Die Todeszentrifuge. Sie wird Lichtgeschwindigkeit erreichen, und unsere Seelenkräfte, alle unseren geistigen Bestandteile, sämtliche je von uns erlebten Gefühle und Gedanken bis hin zum einzelnen Begriff und Buchstaben: zerrissen, verglüht und hinausgeschleudert ins freie Weltall, wo sie, wer weiß schon wann und unter welchen Umständen, sich zu einem völlig neuen Gebilde zusammenfinden, um – sind wir beide bereits ein werdender Embryo? Das Geschlecht noch unentschieden, sind wir nur ein erster vor sich hingeträumter Quatsch, blödsinniges Dösen, bloße Schritte auf dem Weg zu – nein, vermutlich sind wir gemeinsam bereits eine Fehlgeburt und müssen nochmals in die Todeszentrifuge. Das Ohr, die Stimme – aufs Neue vernichtet und zerrissen. Hast du gar keine Angst?

Doch. Hab ich. Aber nicht vor dem futuristischen Quark, in den du dich gerade hineinsteigerst. Mein Geschlecht ist bislang im Übrigen immer noch entschieden. Ich bin eine Frau und fühle mich auch so. *Todeszentrifuge*: Was soll das sein? Hast du zu viel Sience Fiction-Filme gesehen? Es mag ja sein, dass wir beide Opfer eines Attentats wurden. Es könnte aber auch etwas anderes geschehen sein. Ein normaler Flugzeugabsturz zum Beispiel – aber was heißt schon normal, so etwas ist eine ungeheuerliche und gottlob auch eine seltene Katastrophe... Schäden am Triebwerk kommen viel häufiger vor als Attentate. Aber Angst, doch, die verspüre ich. Erst sehe ich den nahen Felsen, später dann das Meer aus einer sehr beunruhigenden Schrägsicht. Ich höre Geschrei und Gewimmer und sehe deine Aktentasche herunterfallen, falls es deine gewesen sein sollte. Aber ich bin mir ziemlich sicher – es war deine.

Auch kehrt gerade die Erinnerung wieder: Ich saß in einer Dreierreihe außen am Gang, gut möglich, dass dein Platz in der Mitte war oder auf der gegenüberliegenden Seite der Reihe, ebenfalls außen. All das kommt mir immer wahrscheinlicher vor. Wir saßen in einem Flugzeug nah beieinander und sind ins Meer gestürzt. Vielleicht kann ich mich deshalb absolut nicht an ein Grab erinnern. Wenn ich recht haben sollte, liegen unsere Leichname am Meeresgrund. Und gestorben sind wir vermutlich in derselben Sekunde. Sag jetzt bitte nicht, dass ich mir all diese Dinge nur einbilde, um einen Zusammenhang zwischen uns zu konstruieren. Ich fühle, wie ich der Wahrheit meines Todes allmählich näherkomme.

Nein, bitte hör auf. Das nennst du die Wahrheit deines Todes? Einen Triebwerkfehler? Ein phantasieloser Konstrukteur, Habgier der Fluggesellschaft, Faulenzer bei der Wartung? Banaler und sinnloser geht's wohl nicht. Einfach nur Pechvogel sein? Zwei Unglückswürmer, die, fern jeden Lichts, auf sandigem Grund vom Wasser hin- und hergeschaukelt, von Fischen zerfressen, aufgequollen, zersetzt, gemeinsam in Gasform blubbernd nach oben steigen?

Falsche Buchung, blinder Zufall, von hohnlachenden Göttern im Spiel ausgeknobelt, nein, davon will ich nichts wissen. Dann lieber die Hand Gottes und eine Rolle, so winzig sie sei, im großen Weltgefüge. Lass uns über Sinn sprechen, über Zusammenhang. Warum hören wir einander sprechen, wenn wir bloß blubbernde Gasblasen sind? In einer Dreierreihe außen am Gang, nein, bitte hör auf, wir sind Geist. Wozu das Meer? Wenn es einen Geist zerreißt, stirbt er nicht, er tut sich bloß mit anderem Geist zusammen.

Es wäre lächerlich, ein abgeschlossenes Leben noch allzu ernst zu nehmen. Das Gewesene mag unser Wesen geprägt haben, aber es ist vorbei. Ich bin nicht, an was ich mich erinnere. Ich bin nur derjenige, der sich erinnert. Wir konstruieren uns in jedem Moment neu. Das ist es, was wir sind, etwas, was sich fühlen muss, um zu sein. Eine ewige Gegenwart. Erinnerungen mögen uns quälen oder erheben, wir sind, was wir fühlen, nicht das, als was wir uns ständig aufs Neue konstruieren. Dass das Leben nur Schein ist, darin besteht die Wahrheit des Todes.

Lass gut sein, es strengt mich an …

Erinnerung an letzte Sekunden

Meine Güte, geht mir der Kerl auf die Nerven. Das wird mir zu viel. Eine Zeit lang sah es so aus, als könnten wir uns verständigen. Er wurde milder, freundlicher. Da begann ich sogar, ihn ein bisschen gern zu haben. Klug ist er ja, daran besteht kein Zweifel. Ich war gottfroh, nicht allein zu sein. Aber er hat diesen grässlichen Widerspruchsteufel in sich, muss zwanghaft alles niedermachen, was ich sage. Und nun ist er wieder in die alte Spur geraten. Was auch immer ich sage, er hält es für dummes Zeug. Vielleicht wurde mir der schreckliche Kerl als eine Art Vor-Strafe an die Seite gegeben, bevor das eigentliche Purgatorium beginnen kann. Im Übrigen bin ich mir inzwischen sicher, dass wir gemeinsam mit einem Airbus A 300 auf dem Weg nach Nizza ins Meer stürzten. Und ich denke, er saß tatsächlich in der Mitte neben mir. Wir haben kaum miteinander geredet, er zog gleich nach dem Abheben der Maschine eine Schlafmaske vors Gesicht, um seinen Nachbarn zu signalisieren »Kommt ja nicht auf die Idee, mit mir sprechen zu wollen«. An sein Gesicht kann ich mich kaum mehr erinnern, dunkles Haar, schmal. Er war nicht dick, nicht allzu groß, wirkte schon arrogant, als ich aufstand, damit er seinen Platz einnehmen konnte. Vorher hatte er wild in der Ablage über unseren Sitzen herumgekramt, um seiner Tasche den besten Platz zu verschaffen. Einmal hat er mit der Stewardess gesprochen, deshalb kam mir seine Stimme hier oben gleich bekannt vor.

Er war mir alles in allem ziemlich unangenehm, deshalb war ich froh, dass er sich, als wir die normale Flughöhe erreicht hatten, gleich abwesend oder tot stellte. Er benahm sich wie eine nicht mehr vorhandene Maus. Was mir nur recht sein konnte.

Aber er klammerte sich wie verrückt an mich, als es später auf einen Knall hin abwärts ging und alle Leute zu schreien anfingen. Ich habe mich selbst als gefasster in Erinnerung, aber vielleicht ist das eine zu edle Erinnerung. Im Übrigen kann ich nicht mit allerletzter Sicherheit behaupten, dass er mein Sitznachbar war, obwohl ich ihn jetzt ziemlich deutlich vor Augen habe. Ein winziger Zweifel bleibt, aber er verflüchtigt sich immer mehr. Eigentlich habe ich keine Lust, noch länger mit ihm zu reden. Viel lieber würde ich mich mit den anderen Seelen unterhalten, denn ich fühle, dass meine Zeit so langsam gekommen ist, mich ihnen anzuschließen. Ich wünsche nichts sehnlicher, als der Strahlkraft Gottes näher zu kommen, damit ich mit einem neuen Fühlen, mit neuem Sehen und Verstehen begabt werde. Alles zittert in mir und ist bereit für das Wagnis, trotz der Angst, die ich dabei fühle. Meine Sünden stehen mir noch nicht deutlich genug vor Augen, als dass sie mir schon so einfach vergeben werden könnten. Ich dachte immer: Dein ganzer Kübel Mist wird über dir ausgeschüttet, bis du dich endlich reinigen darfst und frei werden kannst. Vielleicht muss ich noch mehr zittern und zagen. Vielleicht muss ich … ach, ich weiß nicht, das Ungefähr, in dem ich gezwungen bin, zu verharren, raubt mir den Mut.

Lass gut sein – wie kannst du sowas sagen? Hat man uns nicht zusammengesteckt, damit wir einander erlösen? Jede andere Erklärung würde alle unsere Hoffnungen vernichten. Wir wären dann bereits in der Hölle gelandet und kämen nie mehr voneinander los. Ist dir das klar? Gegenseitiges Tolerieren allein genügt nicht.

Wir müssen einander so genau begreifen, dass wir uns selbst im anderen erkennen können. Dann wird der Weg frei, wo immer er uns hinführen mag.

Zumindest hoffe ich das. Lass uns also noch einmal von vorne anfangen. Wenn du von Gerechtigkeit sprichst, weichst du vom heute üblichen Sprachverständnis stark ab. Du verwendest ihn, wie er in alten Bibelübersetzungen benutzt wurde. Dort ist der »Gerechte« nicht ein Urteilender, sondern derjenige, der Gottes Befehle treu ausführt. Abraham etwa gilt als ein Gerechter, weil er bereit ist, seine Heimat zu verlassen oder seinen unschuldigen Sohn Isaak zu schlachten, sobald Gott es ihm befiehlt. Sollten wir heute noch solche missverständlichen Ehrentitel benutzen? Willst du Menschen, von denen du etwas hältst, als »Knechte Gottes« ansprechen?

Hör mal. Es geht bei Abraham nicht um Gerechtigkeit. Es geht um die Bereitschaft, das Unvermeidliche vom Vermeidlichen zu unterscheiden und das Unvermeidliche anzunehmen, es zu umarmen wie etwas innig Geliebtes. Gott hatte Abraham diesen Sohn unter Aufhebung aller gynäkologischen Gesetze gegeben. Er konnte ihn auch jederzeit wieder nehmen. Dass Abraham mit seiner eigenen Ohnmacht nicht haderte, machte ihn zum Gerechten. Er erkannte sich selbst, könnte man mit den alten Griechen sagen. Er begriff, wo er aufhörte und wo Gott, sein Schicksal, anfing, es ist dieselbe Stelle: Gott ist die menschliche Ohnmacht. Nur in ihr kommt der Mensch mit Gott in Berührung. Eine Grenze, die zusammenführen kann. Für Christen wird sie in Jesus verkörpert. Einem Menschen, der seinen Eigenwillen aufgibt und den göttlichen Willen auf so vollkommene Weise erfüllt, dass man ihn von Gott nicht mehr unterscheiden zu können glaubt. Aber Jesus ist nicht der Gott, den man anbeten sollte. Er ist die Aufforderung, ihm nachzufolgen.

Auch die großen christlichen Mystiker wollten nichts anderes. Kontemplation und Versenkung waren ihnen kein Selbstzweck, sondern eine Übung, den von unsinnigen Wünschen und schädlichen Trieben geleiteten Eigenwillen zu mindern. War das wirklich etwas ganz anderes, als das, was eine säkularisierte Zeit mit Vernunft bezeichnete? Einem uralten Begriff, der nicht nur bei den Griechen, sondern auch im christlichen Mittelalter in hohen Ehren stand. »Gerecht«, damit meinte man früher »richtig«, also im Einklang mit dem, was ist. Denn nur aus dem, was ist, vermag sich zu ergeben, was sein könnte. Etwas Unmögliches zu wollen, ist so falsch, wie das Mögliche nicht erkennen zu wollen.

Gott, Gerechtigkeit, Anbeten – ich weiß nicht, ob du mich begreifst. Ich will dir deine durch Tradition geheiligten Begriffe nicht nehmen. Aber wenn du sie benutzt, wird ein anderer sie möglicherweise falsch verstehen. Und mache nicht Ekel vor Massenmördern zur Grundlage deines moralischen Orientierungssystems. Es ist die Menschheit als Ganzes, die in solchen Einzelnen versagt. Verfügt nicht jeder, auch du, über das Potential, durch Verstrickung das ihm gesetzte Ziel aufs Gröbste zu verfehlen? Mindert sich Schuld nicht durch die Größe der Versuchung? Und vergrößert sich mit dem Ausmaß der Schuld nicht unsere Aufgabe zu vergeben? Nicht nur in Jesus, auch im Massenmörder berühren sich Mensch und Gott.

Stimmen wir in all dem nun endlich überein?

Die Abraham-Isaak-Geschichte führst du falsch ins Feld. Es gibt nicht umsonst einen bedeutenden Strang der Theologie, insbesondere bei den Juden, die den Widersinn des anscheinenden Gottesbefehls betont, ausgerechnet den so sehnsuchtsvoll verheißenen, lang erwarteten Lieblingssohn schlachten zu sollen. Der Widersacher hat diese Metzelei befohlen, nicht Gott! Die im Übrigen genau ins Muster der mythischen Opfersysteme passt. Aber Gott ist anders. Er will nicht, dass Menschen ungeheuerliche Verbrechen auf sich laden. Abraham ist nach dieser Auffassung den Einflüsterungen des Teufels erlegen. Man könnte auch sagen, da wird mit allen Kanonen auf Kierkegaards delirante Auffassung vom Gottesgehorsam geschossen, hinter der sich nichts anderes versteckt als der brutale und blutrünstige Widersinn des Fanatikers.

Mit einigem, was du sonst sagst, bin ich einverstanden. Ich käme nie auf die Idee, gegen die Vernunft zu polemisieren, wenn man sie so auffasst, wie du sie beschreibst. Aber wenn du auf die Schuld der Massenmörder zu sprechen kommst, regt sich in mir heftiger Widerstand. Zu behaupten, deren Riesenschuld könne mit einer überwältigenden Entschuldung höhererseits rechnen, ist absurd und empörend. Im Massenmörder berührt sich niemand außer er sich selbst in seinen mörderischen Phantasien. Er ist die Inkarnation des Todes in Person. Deshalb sind mir alle Formen der Weichspültheologie, die keinen Begriff mehr vom absoluten Verstoßensein und der Hölle mehr kennen will, so verhasst. Das ist nichts anderes als das schmierige Geplapper von den Nachfahren schuldiger Eltern und Großeltern, die nicht anerkennen wollen, *welche* dramatische Schuld die Schergen der Nationalsozialisten und natürlich deren Befehlshaber auf sich geladen haben. Sie brachten den grausamen Tod und sonst nichts. Und dafür gehören sie in die Hölle.

Oho, wunderbar! Endlich gerätst du wieder auf Touren. Wie alle Geschichten erst durch je eigene Auslegung ihren Sinn erhalten, so erst recht die biblischen. Das macht sie so literarisch, theologisch und als Gebrauchsanleitung für den Alltag untauglich.

Was dir an Gott nicht passt, nennst du Teufel. Duales System, so vermagst du die beiden stets genau zu unterscheiden. Aber was ist das für ein Gott, der einen Teufel braucht? Sind die beiden ein Paar? Wer hat sie vermählt?

Ich spüre es, ich, dein *Widerborst*, hänge dir zum Hals heraus, weil ich ständig infrage stelle, was du sagst, und dazu manchmal meinen eigenen Standpunkt ändere. Tatsächlich geht es mir nicht um eine bestimmte Position, sondern um deren Infragestellung. Ist es nicht gerade das, was uns am meisten fehlt, die Fähigkeit, unsere eigenen Antworten in Frage zu stellen? Unsere Antworten erscheinen uns als etwas Positives. Aber in Wirklichkeit sind unsere Antworten immer schon Verneinungen. Sie sind ein Sichbreitmachen und Wohlfühlen des eigenen kleinen Ichs. Gewiss, man muss zu einer klaren Meinung kommen, sobald eine Entscheidung unumgänglich wird. Aber wie gerne findet man zu einer festen Meinung, ohne dass man für eine Entscheidung zuständig ist. In dem Moment, in dem ich sie zum Ausdruck bringe, erscheint mir meine klare Meinung wie ein sicheres Schiff auf dem Meer der Beliebigkeit. Meist ist sie nur ein ungeeigneter Strohhalm, an dem ich mich anklammern möchte. Schwimmen heißt, in ständiger Bewegung zu sein.

Die wahre Sünde ist das Sicherseinwollen, wo ich nicht sicher sein kann. Die wahre Sünde ist es, sich selbst mit etwas zu verwechseln, was Bestand haben könnte. Die wahre, weil ursprüngliche Sünde ist es, sich für das zu halten, was du Gott nennst. Im Leben gegen die Regeln der Menschlichkeit zu verstoßen, ist bestimmt keine Kleinigkeit. Aber solche Verstöße sind Erscheinungsformen, Vorkommnisse – scheußlich, grauenvoll, bereubar, vergänglich und doch immer wiederkehrend, weil ihr wahrer Grund ein Abgrund ist: die Möglichkeit, ein verkehrtes Verhältnis zu sich selbst haben zu können.

Wer sich indes schon während seines Lebens Gott so nah fühlt, dass er nicht allein ihn als Richter kennt, sondern auch den

Inhalt seiner Urteile, den vermag nach dem Tode freilich nichts mehr zu überraschen.

Niemals würde ich mir anmaßen, Gottes Urteile, seine Verfügungen über die Menschen zu kennen. Aber Er hat nicht umsonst das Vermögen in uns eingepflanzt, was gut und recht ist von dem, was böse und falsch ist, zu unterscheiden. Wir haben durchaus die Fähigkeit, das Gute zu erkennen, auch wenn wir nicht immer getreu unserer Erkenntnis zu handeln vermögen. Ob Gott mir verzeihen wird, weiß ich nicht. Meine Fähigkeit, die eigenen Sünden zu erkennen, ist begrenzt. Ein verkehrtes Verhältnis zu sich selbst haben, das klingt harmlos. Mag sein, dass es auf mich zutrifft. Wir sind nicht voll und ganz die Eigentümer unseres Handelns, sind zu ehrgeizig, die Gesundheit unseres Verstandes ist unablässig vom Wahnsinn bedroht. Es ist nicht leicht, die genaue Grenze unserer Verantwortung zu erkennen. Wir sind zu sehr unsere eigene Welt. Die antiken Tragödien haben den Mix aus schuldig und unschuldig gründlich erkundet. Auch wenn wir keine tragischen Machthaber sind, bestehen wir aus einem solchen Mix, einem Knäuel aus wahnhaften Neigungen, Mitleid, Hilfsbereitschaft, Gemeinheit und kaltblütiger Vernunft. Aber das abgrundtief Böse ist mehr als nur ein bisschen Verkehrtsein. Es ist ... ach, ich weiß nicht ... es fällt mir immer schwerer, über die endlichen und unendlichen Dinge zu spekulieren ... ein jüdischer Philosoph, ich glaube, er heißt Kleinberg, hat mal geschrieben, die Liebe Gottes sei Schwäche, eine mächtige Schwäche, sogar imstande, die Gerechtigkeit zu verzerren ... solche Sätze rumoren jetzt in mir, aber auch die Hoffnung, die Gnade möge triumphieren ... allerdings nicht über den allerschlimmsten Bosheitsverfall der schlimmsten Verbrecher.

Gib mir einen festen Punkt, soll Archimedes gesagt haben, und ich hebe dir die Welt aus den Angeln. Er wollte damit sagen, dass es diesen Punkt nicht gibt. Nicht für die Menschen. Untersuchen wir die Voraussetzungen, auf denen unsere Urteile beruhen, landen wir am Ende immer an etwas nicht mehr Hinterfragbarem. Manche glauben dort eine geheimnisvolle Tür zu sehen, manche sagen »Gott«, aber wir könnten es auch einfach als unsere eigene Schwäche bezeichnen. Gottes Macht erhebt sich aus unserer Ohnmacht. Unsere Endlichkeit ist Gottes Unendlichkeit.

Ich will dir nicht wehtun und dich nicht provozieren, aber sieh mal, es fällt mir auf, wie du auf der Suche nach einem festen Punkt wiederholt zurückkommst auf die »dramatische Schuld« der Eltern und Großeltern, die du etwas pauschal als »Schergen der Nationalsozialisten« bezeichnest, und das »schmierige Geplapper« ihrer Nachkommen, die jene Schuld nicht anerkennen wollen. Verzeih, aber ich glaube in deiner Empörung die Vibrationen einer bestimmten Generation zu spüren, die sich ihres vermeintlichen Sündenerbes durch eigene demonstrative Wut gegen den Nachlasser zu entledigen müssen glaubte. Bitte, moralische Empörung mag man als ein zulässiges Mittel in der politischen Auseinandersetzung betrachten. Aber hier und jetzt, nach dem Tod – wer »vor Gott« steht, sollte seinen Zeigefinger ruhen lassen.

Du sprachst von Kierkegaards deliranter Auffassung vom Gottesgehorsam, hinter der sich nichts anderes versteckte als der *brutale und blutrünstige Widersinn eines Fanatikers*. Gertrud, bitte, ich hab es längst bemerkt: Du musst eine sehr emotional reagierende Person gewesen sein. Aber in unserer doch etwas unklaren Situation schiene es mir verantwortungsvoller, mehr Sachlichkeit in Betracht zu ziehen. Gewiss, Kierkegaard war das real existierende Christentum seiner Zeit mit seiner zur Schau getragenen Selbstgerechtigkeit ein ewiger Stachel. Aber du missverstehst ihn offenbar als Zeloten und Tuchaufkopfabterroristen. Seine Besonderheit liegt darin, dass er mehr als irgendein anderer auf die Verschränkungen von Psychologie, Philosophie und Theologie aufmerksam machte.

Er bezeichnete den seelischen Grundzustand eines Menschen als »Verzweiflung« und meinte damit, dass man immerfort gezwungen sei, einen Blick auf sich selbst zu werfen, um sich zu erhalten. Da sich aber die eigenen Wünsche oft nicht erfüllen oder man seine selbst gesetzten Ziele nicht erreicht, kann die Unzufriedenheit mit dem eigenen Selbst zu einem Grundzustand werden, der die eigene Triebhaftigkeit noch verstärkt. Der Mensch verzehre sich dann selbst. Durch die Verzweiflung, so Kierkegaard, fange etwas Feuer, was nicht brennen oder verbrennen könne, das Selbst.

Er nennt diese Art der Verzweiflung eine »Krankheit zum Tode«, weil sie nicht zum einmaligen und endgültigen Tode führe, sondern zu einem fortwährenden. Die Qual der Verzweiflung bestehe gerade darin, nicht sterben zu können. Darin, dass es für einen solchen Menschen nicht einmal die letzte Hoffnung, den Tod, gebe – ein Gedanke, der auch im Mythos von Sisyphos aufscheint. Nun frage ich dich: Ist es nicht diese Art der Verzweiflung, die uns beide nicht richtig sterben lässt? Die Unfähigkeit, unser Schicksal, die Welt, den anderen, und also uns selbst anzunehmen? Uns selbst, damit meine ich nicht etwa nur unser gehabtes Leben und die Umstände unseres Todes. Ich meine, dass wir jenseits des Lebens nichts Bestimmtes mehr sind. Weil wir alles sind, alles, was sein könnte?

Natürlich lässt sich Kierkegaard nicht auf seine extreme Position in Bezug auf das Opfer Isaaks reduzieren, das würde ich niemals behaupten. Seine Schriften habe ich immer wieder mit Begeisterung gelesen. Ich war durchaus in der Lage, die berührenden Seiten seines Denkens wahrzunehmen. Nie habe ich ihn einfach nur als Zeloten gesehen. Es gibt so viel Zartes, Zagendes, Hoffendes in seinen Schriften. Ich bin sogar hin und weg, wenn er über seinen »Winkel« schreibt, in dem er sich offenbar gern aufhält. Sogar der ungefähre Wortlaut davon kommt jetzt in mein Gedächtnis geschwebt, fast so, als hätte ich seinen Text vor der Nase: »Immer ist es hier still, still und immer schön. Aber am schönsten, wenn die Sommersonne Feierabend hält, wenn der Himmel in sehnsuchtsvollem Blau strahlt, wenn die Natur aufatmet von der Hitze des Tages, wenn Bäume, Blumen und Gräser wohlig erzittern unter der Liebkosung kühlender Lüfte; wenn die Sonne ihre Strahlen abnimmt, um nackt ins Meer zu tauchen, wenn die Erde sich zur Ruhe bereitet und ihr Dankgebet zum Himmel schickt und die Sonne lind und weich die Erde mit einem Abschiedskuss umfängt.« So glitzernd und herrlich und erhebend das nun klingt, so sehr war der Mann auch von der Schwermut befallen. Eine zerstörerische Kraft bemächtigte sich seiner Seele und kehrte sich immer wieder gegen das Leben, das er nicht frei und ungebunden führen durfte. Vielleicht war alles, nach dem er sich sehnte, so edel und hochgemut verfasst, dass ihm das eigene Leben widerwärtig erscheinen musste. Er suchte das Leiden, fühlte sich zugehörig zu allen Wesen, die litten, war hypersensibel, spürte deren Schmerz, als grübe der sich in seinen eigenen Körper. Auf ruhelose Weise war Kierkegaard in sich selbst verbissen, kam nicht los von sich selbst, ja, er schrieb sogar, er könne sich nicht mal im Schlaf vergessen, (was man ihm nicht unbedingt glauben muss, denn es gehört nun mal zum Schlaf, dass man sich vergisst, um auf andere, losgelöste Weise mit sich in Kontakt zu geraten).

Der Philosoph fühlte sich mit der menschlichen Sprache entzweit. Sie schien ihm kein rechter Anker mehr zu sein, um sich verständlich zu machen. Er ließ sich sogar zu der Übertreibung hinreißen, er sei allein in den Qualen, die ihn immerzu neue Noten zum biblischen Text vom Pfahl im Fleisch lehrten, sei allein in seinen Todesängsten, fühle die Sinnlosigkeit des Daseins und könne sich keiner Menschenseele verständlich machen, sinke immer wieder in sich zusammen. Doch am tiefsten Punkt seiner Trauer fand er Ruhe darin, dass Gott um ihn wusste. Dann suchte er hurtig, zu Gott zu gelangen, und die Seligkeit stellte sich wieder ein. Und gerade solche Passagen seiner Schriften bezauberten mich, und sie haben sich in mein Gedächtnis gegraben, gerade so, als hätte ich sie selbst gedacht und mir dafür nur den Namen des berühmten Philosophen geliehen. Und dann gibt es noch so einen Satz von ihm, der mir jetzt geradezu flammend vor Augen steht: Kierkegaard fühlte sich eingeweiht in den Gedanken, Siegen im Sinne der Unendlichkeit, will heißen, das einzig wirkliche Siegen, müsse im Sinne der Endlichkeit ein Leiden werden. Vielleicht trifft das auf den Zustand zu, in dem wir uns jetzt befinden, der uns eint.

Aber es gibt einen fundamentalen Unterschied zwischen uns beiden: Du scheinst den definitiven Tod, das völlige Erlöschen herbeizusehnen. Ich sehne mich nach Erlösung, um in einen erfüllten neuen Seinszustand zu gelangen. Und die Seelen, mit denen ich sprechen kann, sind mir Beweis genug, dass ich für eine Prüfung vorbereitet werde, nach der sich das Tor zum ewigen Leben öffnen wird. Wie das alles beschaffen sein mag, und wie ich mich dann fühlen werde, weiß ich nicht. In mir ist sehr viel Angst, aber auch Hoffnung, und umso mehr ich mich der Seelenschau hingebe, umso mehr gewinnt die Hoffnung die Oberhand. Trotzdem erwarte ich das große Gericht, das auch mich richten wird. Und anders als Kierkegaard, der die Gemetzel des 20. Jahrhunderts nicht kannte, erwarte ich, dass die großen Menschenschlächter unserer Zeit ihrer gerechten Strafe zugeführt werden. Vielleicht müssen sie jeden einzelnen Schmerz so spüren, als wäre ihr Leib noch vorhanden, jeden Schmerz, den jedes einzelne ihrer Opfer hat spüren müssen, sollte sich in dem, was von ihnen übrig ist, mit brennender Schärfe wiederholen. Widersprich mir diesbezüglich nicht mehr. Es hat keinen Sinn, mir das ausreden zu wollen.

Ausreden? Einreden? Ich wünschte, du könntest die Kraft verspüren, die im Zweifel liegt. Ein klarer Wille, eine unerschütterliche Meinung, erscheinen dir als feste Burg. Als etwas, auf was man sich verlassen kann. Sind sie nicht auch ein Verließ? Du meinst, ich sehnte mich nach dem definitiven Tod. Wie du mich doch missverstehst. Der definitive Tod? Das wäre ein ewiges Warten im eigenen Verließ. Der Tod aber enthebt uns dieser Möglichkeit.

… *die Gnade möge triumphieren … allerdings nicht über den allerschlimmsten Bosheitsverfall der schlimmsten Verbrecher*: Dies sind deine Worte. Wie sicher bist du ihrer? Hast du nie den Hauch des Zweifels verspürt? Wächst nicht der Triumph der Gnade logischerweise mit der Unrechtmäßigkeit des Verziehenen? Und setzt nicht überhaupt der Triumph Gottes die Ohnmacht des Menschen voraus?

Religiöse Empfindungen sind vermutlich so alt wie der Mensch. Als bloßes Formprinzip sind fest gefügte Religionen vergänglich. Auf welches überzeitliche Verdienst aber könnte die christliche Religion Anspruch erheben, wenn nicht auf den, dass sie den Wert einer jeden einzelnen menschlichen Seele unserem Urteil über irdisches Fehlverhalten entziehen möchte?

Verstehe mich recht, ich will dich nicht von irgendetwas überzeugen. Wir stehen längst auf dünnstem Eis. Hörst du es nicht knacken? Machen wir uns schwer, wird es brechen. Im Prinzip – du weißt, wir sind schon tot und nicht. Wir fallen, aber fliegen noch. Und da – Gertrud, die Aktentasche!

Geheimnis

… lassen Sie mich dazu auf mein anfängliches Zitat zurückkommen. »Verzweifelt man selbst sein wollen« – was meint Kierkegaard damit? Unser Selbst ist ein weißes Blatt, das wir, um uns in der Welt zu orientieren, in jedem Moment neu beschreiben müssen. Mehr noch, wir müssen uns fühlen, um zu sein. Sich fühlen, heißt, sich teilen in Fühlendes und Gefühltes und doch beides immer für dasselbe zu halten.

Statt von einem Selbst zu sprechen, benutzen wir heute den Begriff »Identität«. In diesem Begriff liegt ein dunkles Geheimnis, das wir gerne übersehen. Ich meine das Gleichsetzen von etwas Ungleichem. Nichts ist identisch auf dieser Welt. Es gibt keine zwei Blätter, meinte Leibniz, die einander völlig gleichen. Es gibt keine zwei Schneeflocken, keine zwei Atome, die, obzwar ähnlich, nicht verschieden wären. Etwas wirklich miteinander Identisches vermag nicht zu existieren. Und dennoch beruht unser Denken, sogar unser Begriff von uns selbst, auf der gegenteiligen Behauptung. Denn wir vermeinen jetzt noch derselbe zu sein wie im Moment zuvor. Anders gesagt, wir sind als Person bloß etwas von uns selbst Erinnertes, Zusammengebasteltes, Geglaubtes. Wir »sind« nicht wirklich, und dennoch existieren wir, sonst könnten wir einander nicht hören.

Ich bin der am soundsovielten dort und dort Geborene. Er heißt so und so, wuchs da und da auf, hat die und die Diplome. Ich nenne ihn ich, wie sonst, aber eigentlich kenne ich ihn nur durch mein Gedächtnis. Ließe mich mein Gedächtnis im Stich, wüsste ich nicht mehr, wer ich bin. Und doch wäre ich noch. Was wir sind, ist flüchtig. Sehr flüchtig. Und doch sind wir. Es ist nicht leicht, mit dieser Flüchtigkeit zurecht zu kommen. Solange die äußere Welt berechenbar bleibt, fällt es natürlich leichter, diese Flüchtigkeit des eigenen inneren Wesens zu ignorieren. Anders in einer Zeit des Umbruchs oder der Katastrophe ...

Ich will dir gar nicht widersprechen. Dass ich nur noch irgendwie leichterdings in einer Art Ungefähr existiere, macht mir zwar Angst, doch unter mir spüre ich keinen Boden, nicht einmal im metaphorischen Sinn. Irgendeine schreckliche Art von Fallen muss zwar stattgefunden haben, das spüre ich auch, und es hat mit der Tasche zu tun, von der wir jetzt schon öfter gesprochen haben, aber inzwischen fühle ich mich aufgehoben in einer gewissen Leichtigkeit des Seins, die mir unablässig Rätsel aufgibt. Die gelebte Vergangenheit und das Jetzt, sie schwirren in meinem Kopf durcheinander, manche Gefühle sind stärker, als sie je gewesen sind, die Angst hat gewissermaßen eine neue Farbe bekommen, von stechendem Gelb ist sie inzwischen in ein leuchtendes Rot getaucht, als würde die Farbe des Herzens mich umhüllen, und manchmal kommt es mir sogar vor, als könnte ich das Herz noch schlagen fühlen, aber nicht so sehr als ein innerleiblich eingeschlossenes Organ, sondern als ein freigelegtes Etwas, das den Takt vorgibt und mir Dinge zumurmelt, die alles in ein nie gekanntes Licht tauchen.

Ein bisschen fühle ich mich als ein neues Wesen, das mit dem alten zwar noch in Verbindung steht, aber an seinen flimmernden Rändern einer neuer Erfahrungswelt zustrebt. Hoffnung, Angst und wieder Hoffnung, Getriebensein, Verzweiflung, Zuversicht, eine merkwürdige, mich umgreifende Ruhe – all diese Gefühle zirkulieren um mich herum, als müsse mein Inneres zu einem neuen Leuchten gebracht werden, das … tja, bei diesem *das* weiß ich irgendwie nicht weiter … vielleicht eine neue Art der Gestalt aus der alten herauswachsen müsste?

Gestalt! Halte ich mein Ohr an diesen Begriff, höre ich die gröbsten Gegensätze leise aneinanderschlagen: Ruhe und Unruhe, Form und Materie, Bestimmtes und Unbestimmtes. Gestalt! Ist und ist nicht. Selbst das flüchtigste Sein findet in diesem Begriff festen Ausdruck. Wolken, bloße Wanderungen von Dampf, haben eine Gestalt, manchmal so schön, dass man weinen mag über die Härte des Werdens. Durch seine Gestalt zeigt sich uns das Subjekt, es verliert sich auch in ihr. Begriffe sind die Rettungsinseln im endlosen Meer des Unbestimmbaren, Sternenlichter im Schwarz des Universums, Befreiungsschläge gegen den Andrang der Angstspasmen. Wird nicht im Begriff sogar das Nichts anwesend, ohne mich zu vernichten? Der Schmerz erträglich, ohne mich zu zerreißen?

Es waren Gestalten, die sich dir vorhin näherten und wieder verschwanden. Was sind Gestalten anderes als Erinnerungen, die deine Aufmerksamkeit begehren, weil du deine Situation verstehen willst? Und deine Situation willst du verstehen, um dich vor Gefahren zu schützen. Welche Gefahr müssen wir noch fürchten, da wir unser Leben bereits verloren? Sich seinen Gedanken und Gefühlen ganz hingeben, ohne sie mit eingezogenem Kopf ängstlich an der Realität messen zu müssen: Reine Seelen sind wir, so frei wie sonst nur Dichter beim Dichten.

Die Gefahr steht mir überdeutlich vor Augen: Da ich auf ein dauerhaftes Leben nach dem Tod hoffe, auf ein beseligendes, kluges, glückspendendes, das mir völlig neue Einsichten und ein fulminantes Beschwingtsein beschert, wäre mir ein Verstoßensein vor den Pforten des Paradieses entsetzlich. Und ganz nebenbei bemerkt: Ich hoffe auch noch auf etwas ganz anderes – das mögen kindliche Phantasievorstellungen sein, aber sie sind stark! Und sie beflügeln mich enorm. Die Paradiesschau kennt das friedliche Zusammenleben von Pflanzen, Tieren und Menschen. Also einen erweiterten Hortus Conclusus mit friedlich gelagerten Löwen, Tigern und Elefanten, Mäusen, hupflustigen Fröschen und hübsch geringelten Schlangen, die keinen Giftzahn besitzen. Ja, ja, lach nur über mich. Na los doch, lach!

Ich weiß leider nur zu gut, dass das himmlische Paradies inzwischen nicht mehr in Gestalt einer mittelalterlichen Stadt über Rom schwebt. Das war natürlich eine herrliche, schmuckreiche Phantasie – allein, wenn man sich die zwölf engelbesetzten Tore der Stadt vor Augen hält. Zwölf Engel, zwölf Stämme, zwölf Apostel, zwölf Grundsteine, zwölf Tore. Und vergessen wir nicht die Edelsteine, die in die Grundmauern eingeschlossenen sind! Natürlich mit großen Rubinen darunter, in denen sich das Herzblut Jesu gesammelt hat. Sogar in einem mit 250 Karat! Von ihm wurde behauptet, er leuchte den Sterbenden aus seinem magischen Inneren heraus, getränkt vom Blute des Erlösers.

Woher ich das weiß? Keine Ahnung. Es fliegt mit gerade nur so zu. Fliegt herbei als ein Wissen der innigen Süße, gebunden in und an das Leuchten und Glänzen der Edelsteine, emanierend aus hellgrünen Chrysaliten, rotbraunen Hyazinthen, blauen Saphiren, einem graublau gestreiften Chalzedon, einem schwarzweiß gestreiften Sardonyx und violetten Amethysten. Obwohl ich mich in Bescheidenheit üben sollte, kann ich die Flügel der

Schönheit, die mich bei der Vorstellung dieses phantastischen Gebildes erheben, nicht abstreifen. Die Rhetorik des unwahrscheinlich Wahrscheinlichen hat mich ergriffen. Es erhebt mich über das Grauen der Kadaver und Skelette, glanzvolle Ideen keimen in mir und bilden Worte, die aus dem Brunnen der Wahrheit, dem Meer der unendlichen Verlassenheit emportauchen. Und die Wahrheit genießt sich selbst. Nur eines kommt mir leider höchst unwahrscheinlich vor: Dass mir im Moment meines Todes der leuchtende Rubin mit dem Herzblut Jesu erschienen sein soll, möchte ich bezweifeln. Daran müsste ich mich doch erinnern. Aber da ist eher so was wie ein Aufprall und ein schreckliches Gegurgel, sonst nichts.

Leider, und das ist zum Fürchten, es hemmt meinen Gedankenflug. Leider kann ich von dem heutigentags erforschten Wissen nicht absehen. Ja, es stimmt, das Universum ist anders beschaffen, als die Kirchenväter es sich vorgestellt haben. Und die Tiere, die ich liebe, waren selbst in der phantasievoll mit feinen Wölkchen durchwirkten Wunderwelt des geschlossenen Mariengärtleins kaum vorgesehen. In der himmlischen Trutz- und Wunderstadt am allerwenigsten. Da hinein hat es wohl nicht mal ein Marienkäferchen geschafft.

Trotzdem! Ich schleudere dir jetzt ein mehrmaliges *Trotzdem!* entgegen, damit du ganz bestimmt was zu lachen hast. Und ich lache frei heraus in dein mir nicht deutliches Gesicht. Ich bin auf einem souveränen Vormarsch in eine noch ungedeckte Wirklichkeit, fühle mich schon ein wenig eingehaust in eine Welt des absoluten Virtuosentums, erfüllt von wundersamen Satzaufschwüngen und musikalischen Klängen, die unser irdisches Klangwunder aller Klangwunder, nämlich die Matthäuspassion, die bereits am Überirdischen schmaust, bei weitem überbieten. So!

Lachen über dich? Du wünschst dir eine Welt, in der sich alle Gegensätze in Harmonien verwandeln. Wie könnte sich ein Mensch nach anderem sehnen? Nur wenn er die Hoffnung darauf für immer aufgegeben hätte. Siehst du einen solchen in mir? Da würdest du mich mal wieder ganz verkennen.

Dass du noch zweifelst und Gefahr siehst, ist deine Art der Todesangst. Die meine kenne ich noch nicht genau. Sollte sie darin bestanden haben, dass ich anfangs deine Stimme nicht hören wollte, hätte sie jedenfalls stark nachgelassen. Ich zweifle nicht, dass der Tod uns am Ende von aller Not erlöst.

Erlöst von was? Auch von sich selbst? Ich weiß es nicht. Wo könnte Hoffnung sein ohne Verzweiflung? Schelte mich der Resignation, dein *trotzdem* klingt mir zu sehr nach Trotz. Das Überirdische als Jubelparty ohne Ende? Demut verträgt sich schlecht mit solchem Fahnenlärm. Und doch versteh ich dich. Du willst dich selbst vergessen. Dich selbst, das ist die Not.

Oh nein. An eine nicht enden wollende Jubelpartie denke ich bestimmt nicht. Eher an eine durchgreifende Gelassenheit und innige Freude. Aber Moment mal, da kommt wieder jemand auf mich zu.

Bitte kommen Sie doch näher. Können wir reden?

Können wir.

Wie lange sind Sie denn schon hier?

Ist schon 'ne kleine Ewigkeit her.

Darf ich fragen, wie Ihr früheres Leben beschaffen war?

Ich war Kutscher. Bei der Firma Schultheiß.
Hab den großen Wagen durch West-Berlin gefahren.

Ach was! Den mit den dicken Pferden?

Aber sagen Sie bloß nicht dick. Die waren stark und stramm.
Und schön. Früher sind das mal schwarze Pferde gewesen.
Aber ich hab' meine strammen Grauen gefahren. Vier Kaltblüter
aus Friesland. Ganz ruhige, vernünftige Viecher. Luise, Herta,
Minna und Atila.

Ich kann mir gut vorstellen – das hat bestimmt Spaß gemacht.
Die Kutschen mit den Fässern haben damals ja Aufsehen erregt.
Die Leute auf den Straßen mochten das.

Es war meine Arbeit. Aber es stimmt, wir waren beim Publikum be-
liebt, und ich mochte meine Pferde. Die waren sehr ruhig
und zuverlässig. Nicht solche Spinner wie die meisten Menschen.
Und die hatten richtige Freundschaften untereinander. Minna und
Atila musste man zusammenspannen, dahinter Herta und Luise.
Pferde sind Gewohnheitstiere, sie mögen es nicht, wenn man
ein Gespann durcheinanderbringt.

Wären Sie glücklich, ihnen hier oben wiederbegegnen zu dürfen?

Ja, das wär ich. Hat sich aber noch nicht ergeben.
Kann ja noch kommen. Die würden mich sofort wiedererkennen.
Aber das Ende war schlimm.

Was ist passiert?

So'n Besoffener ist in uns reingefahren. Direkt auf dem Kuhdamm. Atila hat's schlimm erwischt. Der lag am Boden und kam nicht wieder hoch. Den mussten wir erschießen. Ich seh noch seine aufgerissenen Augen. Wie der mich angeschaut hat, das hab' ich nie vergessen.

Stell ich mir fürchterlich vor.

Das war's auch. So, jetzt muß ich wieder weiter.

Verraten Sie mir noch Ihren Namen?

Egon Alfons. Nachname Schmitter.

Schmitter? Oder Schnitter? Ich weiß nicht länger, diese Erscheinungen zu deuten. Dass wir die Macht verlieren, zwischen Phantasie und Realität zu unterscheiden, ist das unser Tod? Und Phantasie, was ist das überhaupt? Ein forscher Versuch des Ichs zu überleben. Oder das erste Anzeichen seiner Auflösung? Ein Schnappen nach freier Luft oder der Einbruch unkontrollierbarer Flut? Es ist mir, als tanzten wir noch immer auf des Messers Schneide. Schon verloren und noch nicht. Wir sind bloß ein Teil, und doch des Ganzen.

Dreh und wende die Sache, wie du willst, am Ende werden wir feststellen, dass sie von Anfang an nur aus Gedreht- und Gewendetwerden bestand. Zur Sache wurde sie uns nur deshalb, weil sie unseren Wünschen und Interessen zu widerstehen drohte oder widerstand. Ohne unser Wünschen ist alles Vergehen bloß ein Entstehen.

Zukunft ist eine Wand aus Unwissen, und doch werden wir sie durchschreiten. Ich weiß nicht, warum ich ruhiger werde; desto ruhiger, je mehr ich begreife, dass meine Begriffe die Welt nicht zusammenhalten können; es aber auch noch nie konnten; dass auch ich selbst mir nie mehr als ein sich wandelnder Begriff gewesen bin, viel und doch zu wenig.

Mit vielem, was du sagst, bin ich sehr einverstanden. Der Unterschied zwischen uns besteht wohl hauptsächlich darin, dass ich mich einer unkontrollierbaren Phantasietätigkeit bestimmt nicht willig ergebe. Du darfst das von mir aus gern weiterhin denken, ich bin mir allerdings sehr sicher, dass du da auf dem Holzweg bist. Überbordende Phantastereien habe ich mir niemals geleistet. Ich war auch im Leben ein gut geerdeter Mensch, frei von spinösen Turbulenzen. Auch meine Gefühle und Hoffnungen, die ich bezüglich der religiösen Überlieferungen hegte, waren frei von nervösen Übertreibungen. Mein Mann hielt mich sogar für eine ausgekochte Realistin, was so allerdings auch wiederum nicht ganz stimmte. Aber dass wir beide hier oben immer noch auf unerklärliche Weise auf Messers Schneide tanzen, will ich gern zugeben. Vermutlich gehorchen unsere Tänze aber sehr verschiedenen Rhythmen.

Da hast du's: Der Tanz als Ausdruck von Freude, Lust und Freiheit gehorcht dem monotonen Peitschenschlag des Rhythmus, um Tanz zu sein. So geht es uns. Je mehr du glaubst, du selbst zu sein, desto weniger bist du's. Dein ausgekochter Realismus lässt dich mit vor die Augen gehaltenen Händen durch die Welt gehen, weil dich die Vielzahl der Möglichkeiten überfordert. Doch was du außerhalb deiner nicht siehst, erblüht in deinem Innern. Du bildest dir ein, eine Realistin zu sein, dabei hast du ständig Erscheinungen. Unser Gefühl und was wir in Wirklichkeit tun, steht in ständigem Widerstreit. Wer sich im Rhythmus wiegt, fühlt sich frei, obgleich er sich unterwirft. Wer zur Waffe greift, glaubt sich sicherer, dabei erhöht er die Gefahr. Der Wert der Etiketten, die wir uns geben, verfällt in jedem Moment aufs Neue. Die Zeit zerreißt jedes unserer Bilder.

Unsere Tänze, meinst du, gehorchen sehr verschiedenen Rhythmen – heißt das, dass wir nicht miteinander tanzen? Was andres täten wir die ganze Zeit? Immer wieder wechseln wir die Perspektive, und du tanzt sogar mit dir selbst, indem du deine Angst und Unsicherheit erkennst, nur um dich anschließend in dem Gefühl zu räkeln, gut geerdet zu sein. Wer und was du wirklich bist oder warst, du wirst es nie erfahren. Denn der Halt, den uns die Begriffe geben, ist ein flüchtiger. Halt? Auch dieser Begriff schleudert uns in verschiedene Richtungen. Bedeutet er Sicherheit oder Ende und Tod? Wir tanzen und tanzen aus Angst vor dem Stillstand. Wir bilden uns ein, wir könnten einander überzeugen, und werden am Ende nicht einmal von uns selbst überzeugt sein.

Dir zu widersprechen ermüdet mich doch sehr. Für dich ist gewiss, dass alles nur flüchtig ist. Wie anstrengend das ist. Du willst dich selbst nicht kennen, geschweige denn etwas in deinem vergangenen Leben erkennen. Vermutlich aus Angst fliehst du unentwegt. Und alles endet für dich irgendwie schlecht oder wird vom Nichts gefressen. Mir eröffnet sich gerade eine neue Welt. Noch zögernd, noch wenig beständig, aber ich fühle deutlich, dass sich mein Zustand demnächst ändern wird. Ich kann es noch nicht richtig beschreiben, weil ich dafür ganz neue Worte bräuchte, aber mich lockt etwas Neues, eine Verheißung, an deren unscharfen Rändern Schönheit und Klarheit aufleuchten. Vor allem aber: eine wunderbare Musik, die die

Angst vor dem Zerrinnen und Vergehen bannt. Die alles Gemeine wegscheucht. Als hätten sich Giovanni Battista Pergolesi, Claudio Monteverdi und Johann Sebastian Bach vereinigt, um der Schönheit in Freiheit, Wehmut und Süße zu huldigen und allem vom Menschen in Gutem Geschaffenen, das von der Vernichtung bedroht ist, zu einer neuen Würde zu verhelfen. Und zwischenein höre ich die Stimme meines Mannes, der ein wunderbarer Sänger ist, ein Tenor von hohen Gnaden, er singt ungemein präzise, leuchtend, erfüllt vom Verlangen nach überirdischer Schönheit und der Hut des Heiligen.

Verlass' mich noch nicht. Bald wird Schreckliches geschehen. Ich bin bereit. Aber wir dürfen nicht mit solchem Missverständnis von einander scheiden. Es ist *unsere* Todesstunde. Ich weiß nicht, warum gerade die unsere. Wir hatten im Leben nicht miteinander zu tun. Nur glaube ich an keine Zufälle, sondern an unsere Unwissenheit. Ich weiß, das klingt komisch, was soll das für ein Glaube sein, der Glaube an die eigene Unwissenheit?

Bitte, lass es mich erklären. Wenn ich an die Möglichkeit meines Glücks glaube, glaube ich auch an die Möglichkeit meines Unglücks. Andernfalls *glaube* ich nicht an mein Glück, ich *wünsche* es mir nur. Glaube ist nicht Hoffnung. In gewissem Sinne ist er das Gegenteil dazu und fällt daher ungemein schwerer. Auch er ist Hingabe, aber eine unbedingte; eine, die bereit ist, ohne Gegenleistung das kleine eigene Ich darzubringen. Hingabe an etwas, was es weder wahrnehmen noch sich vorstellen kann; an etwas, an das es nur glauben kann.

Ein objektloser Glaube erscheint uns unsinnig. *Credo quia absurdum*, hieß es einst im theologischen Dialog, *ich glaube, weil es unsinnig ist*. Damit ist weder der Glaube an die Existenz eines Gottes noch an das eigene Fortleben nach dem Tod gemeint.

Unsinnig ist der objektlose Glaube. Er ist ohne Sinn und bedarf auch keines Sinnes, denn er ist ein Gefühl, keine zweckgerichtete Handlung. Gefühlt wird, dass das eigene Handeln richtig oder falsch sein kann. Richtig oder falsch, nicht zur Erreichung eines bestimmten Zwecks, sondern überhaupt, in einem absoluten Sinne und unabhängig von den weiteren Folgen meines Tuns. Dies erscheint uns unsinnig, und gerade darin besteht dieses Gefühl. Und dennoch ist es ein durchaus berechtigtes Gefühl, denn ich kann ja etwas tun, was – aufgrund mangelnden Wissens oder Nachdenkens – im Moment meines Tuns richtig zu sein scheint, sich am Ende aber als falsch und grauenvoll erweist.

Das Recht kann einen Handelnden von seiner Schuld freisprechen. Etwa einen Fahrer, dem ein Kind vor das Auto gelaufen ist. Doch wurde der Fahrer in etwas verwickelt, das er niemals ungeschehen machen kann. Diese Verwicklung gehört ihm an wie alles andere in seinem Leben. Wer oder was könnte ihn davon erlösen?

Glaube ist nicht die Erwartung, erlöst zu werden. Er ist das Gefühl, erlösungsbedürftig zu sein. Selbst der beste, gütigste, rein selbstlose Mensch ist von diesem Gefühl durchdrungen. Wer, wenn nicht gerade dieser?

Einverstanden. Bin mit allem einverstanden, was du sagst. Es gibt wohl immer diese Grenzbereiche, in denen sich ein Handeln, das zunächst sinnvoll und auch im Sinne der Nächstenliebe als gut erscheint, ungeahnte, sogar böse Folgen haben kann. Der menschliche Horizont ist einfach zu beschränkt, um alles zu ermessen, was sich in naher Zukunft abspielen wird. Wahrscheinlich ist das von Vorteil. Sonst wären wir so gehemmt, dass wir unser Leben nur schwer bewältigen könnten.

Aber ich muss dir ein bisschen erzählen, was sich derzeit in meinem Inneren abspielt. Ich höre fast unentwegt Musik, manches davon ist mir bekannt, weil ich die Stücke liebe und sie oft gehört habe. Aber dazwischen taucht gänzlich Neues, Seltsames auf. Ob schön oder nicht schön, fällt mir schwer zu entscheiden. Einige Sequenzen erinnern mich an die Notate, die in den Bildern von Adolf Wölfli auftauchen. Du weißt wahrscheinlich, wer das war – ein verrückter und außerordentlich begabter Schweizer, der sein Leben in der Psychiatrie verbrachte. Ein Armenhäuslerkind fast ohne Ausbildung. Mit einer Schreibwut begabt, einem Drang, unablässig zu zeichnen und zu kritzeln und nebenher auch noch zu komponieren, wobei seine Notate einem ausgefuchsten privatmythologischen System gehorchten. Gotteslieder und Trauermärsche waren seine Spezialität, mit einem Anhauch des Volksliedhaften, aber auch mit höchst sonderbaren Tonfolgen versehen, mit Hilfe derer Stimmfarben er versuchte, in höhere Sphären zu gelangen. Wölfli fertigte sich immer wieder Tröten aus Pappe an, um sich seine Kompositionen vorzuspielen. Mir kommt es fast so vor, als könnte ich jetzt einiges davon hören. Seltsam, sehr seltsam, das alles. Ich behaupte nicht, dass die Tonfolge schön klingt, aber sie berührt mich ungemein, kann mir aber keinen Reim darauf machen. Kannst du es?

Dass manches Wort eines anderen dir so vertraut erscheint, als sei's dein eignes, ein andres so fremd und unsinnig, als wolle es dir den Kopf zersprengen – erlebst du das nicht auch mit mir? Eins und entzwei: Obgleich wir als Menschen ein und dasselbe, trennen in einzelne Ichs uns Äonen. Wer von dieser Wippe fällt, verliert mit der Balance sich selbst.

Was ist ein kranker Geist? In einer fest gefügten Lebenswelt ist es, wer nicht in ihr zurechtkommt. Außerhalb derselben kennt der Geist keine Krankheiten. Nach dorthin sind wir unterwegs.

Mit der fest gefügten Lebenswelt werden auch wir beide einander verlieren, aber vielleicht gewinnen wir an Freiheit.

Ein Schizophrener wie dieser Wölfli wäre dann jemand, der, auf der Suche nach mehr Freiheit, tot sein will, ohne es schon zu sein. Seine Bilder und Töne wirken wie Zeichen aus einer jenseitigen Welt, sind es aber nicht. Bei uns beiden handelt es sich um das genaue Gegenteil: Zwei Menschen, die nicht tot sein wollen, es aber schon sind. Unsere Stimmen sind wie Fenster, durch die wir beide uns noch einmal zuwinken. Unsere Sprache aber versteht bald niemand mehr.

Chapeau! Diesmal stimme ich voll und ganz mit dir überein. Ohne es zu sein trotzdem wie Zeichen aus dem Jenseits zu wirken, das ist ein toller Gedanke, und ich glaube, er trifft auf die Zeichnungen und die Musik von Adolf Wölfli wirklich zu. Sie sind von ausgetüftelten Geheimnissen umschwebt, wobei das Hören, oder besser gesagt: das Horchen eine große Rolle spielt. Vielleicht kannst du dich an einige seiner Zeichnungen erinnern. Da gibt es immer wieder großäugige Figuren, deren Köpfe mit Antennen bewehrt sind. Horchposten ins Jenseits, was sonst. Und ich vermute, die Töne, die Wölfli mit seinen Papptröten intonierte, sollten den Botschaftsverkehr himmelwärts beflügeln. Ich hätt' jetzt auch gern eine kleine Tröte zur Hand, um meine Sehnsucht und mein Hoffen auf Antwort im Himmel erschallen zu lassen, und seien es nur bescheidende Murkstönchen, die ich da hinauf? – hinüber? – hinunter? – die kreuz, die quer? – senden würde. Ich denke ohnehin, es sind die Töne, die uns dem göttlichen Geheimnis näherbringen, keinesfalls nur die Sprache. Vielleicht ein Gemisch aus Sprache und Tonfolgen, die sich zu Hymnen verbinden, schöneren noch, als sie je ein Mensch auf Erden vernommen hat.

Papptrötchen statt Stimmen? Murkstönchen statt Sprache? Freilich, wer das Unbegreifliche in einem schrägen Ton sucht, wird leicht fündig. Dort waltet das göttliche Geheimnis genauso gut wie in einer geweihten Hostie, denn es waltet ja überall. Religiöser Kult glaubt das Unbegreifliche regelmäßig anwesend machen zu müssen, als sei es nicht schon immer da. Dem Vergesslichen mag er wertvolle Erinnerung sein, mir erscheint er überflüssig. Ist es nicht würdelos, Tönen und Farben mehr zuzutrauen als Begriffen?

Jeder einzelne Begriff besteht aus Murkstönchen. Aber aus ihrem Zusammenklang entsteht Sinn und Resonanz. Würden wir beide wie zwei Tröten allein in Murkstönchen miteinander verkehren, wären Achtung und Ehrfurcht vor dem Unbegreiflichen rasch aufgebraucht. Wer im Begriff das Unzureichende bemerkt, sollte sich die Rettung nicht von einer Papptröte erhoffen.

Es ist wahr: Wenn uns etwas zu kompliziert wird, greifen wir nach dem Einfachen. Aber das Komplizierte besteht aus nichts anderem als aus Einfachem. Und das Einfache? Aus Komplexität. Was wäre ein Ton ohne Stille? Was ohne Ohr?

Unbremsbare Jubelstimmung macht mir Angst. Es ist eine Art der Selbstvergessenheit, die auch noch ihre Vergesslichkeit vergessen will. Das heißt nicht, dass ich dich nicht verstünde. Du fürchtest dein Ende wie ich, weißt um das Rätsel und suchst die Auflösung in etwas, was du nicht mehr bist.

Ach was! Wir sind und bleiben verschieden. Du lehnst einfach alles ab, woran ich mich erinnere. Meine Begeisterung für Adolf Wölfli musst du ja nicht teilen. Aber wieso versuchst du immer, schlecht zu machen, oder es als unerheblich abzutun, woran ich mich erinnere? Und ganz sicher fürchte ich das Ende nicht wie du, weil ich voller Hoffnung bin, dass die Erlösung auf mich wartet, etwas unglaublich Schönes, das mit den Worten, die wir normalerweise im Gepäck führen, nicht zu beschreiben ist. Übrigens kehrt jetzt immer deutlicher die Erinnerung wieder, was uns beiden zugestoßen ist, aber das interessiert dich wohl nicht, wahrscheinlich tust du auch das ab als Spinnerei einer alten Schachtel, die nicht mehr recht bei Trost ist …

Oder? …

Wieder verkennst du mich. Nicht Spinnerei einer alten Schachtel. Im Gegenteil, du suchst auf die übliche Weise nach Erklärung. Und glaubst auch fündig zu werden. Dabei suchst du in der falschen Richtung.

Kann ich ein Ereignis E dadurch erklären, dass ich ein ganz anderes Ereignis D beschreibe, das sich genau zuvor ereignete? Alle solche Erklärungen sind bloße Beschreibungen: weil D, darum E. Aber warum D? Und warum C? Warum B? Und A? So würde ein Kind ewig weiterfragen, das von den Erwachsenenerklärungen noch nicht so abgestumpft wurde, dass es eine bloße Beschreibung nicht von einer echten Erklärung unterscheiden könnte.

Im Leben gibt uns die linear erzählte Geschichte alles: Orientierung, Spannung, Sein. Im Tod aber nähme sie uns, was er zu gewähren vermag: Freiheit, Frieden, Wahrheit. Ich will nach vorne gehen, nicht zurückschauen wie Orpheus, dem Ungeduld, Sehnsucht und mangelndes Vertrauen auf den letzten Metern den Kopf verdrehten. Erscheine ich dir todessüchtig? Ich will mich versöhnen mit allem, was geschehen ist. Das kann ich nicht, indem ich mir die äußeren Umstände meiner letzten Sekunden erneut in Erinnerung rufe. Sie erklären nichts.

Und da du deine »Begeisterung« für die Phantasien eines Wahnsinnigen noch einmal erwähnst – war dir dieser Wölfli bloß Künstler oder auch Mensch? Lässt dich deine Lust am ästhetischen Reiz alles Mitgefühl vergessen? Du siehst das eine ohne das andere. Gerne sprichst du von Schönheit, nie von Qual und Schmerz.

Dass Wölfli auch gelitten hat und seinen Zwangsphantasien ausgeliefert war, würde ich niemals leugnen. Diese Hirngebilde führen nicht umsonst das Wort *Zwang* mit sich. Aber der Mann hatte gottlob ein verhältnismäßig gutes Leben, denn sein großartiges Talent wurde erkannt und alsbald unterstützt. Wie kommst du bloß auf die Idee, ich würde jedes Mitgefühl vermissen lassen? Der Wahn hat mir immer zu denken gegeben, weil er etwas zutiefst Menschliches aufrührt, zumal die oft sehr komplizierten Ideen der davon Befallenen meist unablässig um die Lebensrätsel Geburt und Tod kreisen. Die Religionen geben diesen Gestalt und Würde, die Wahnsinnigen werden von den schmerzlichen Seiten dieser höchst bedeutenden Existenzfragen verfolgt und brüten kuriose Ideen aus, die ihnen helfen, angesichts der überwältigenden Zahl schrecklicher Rätsel nicht unterzugehen.

Ich hatte zu Hause eine ziemlich umfangreiche Sammlung von Kunstbüchern zu dem Thema. Mein Liebling war allerdings nicht Adolf Wölfli, sondern ein Amerikaner aus Kalifornien: Achilles Rizzoli. Ein unglaublich talentierter kleiner, verschwiegener Mann, noch im 19. Jahrhundert geboren. Er arbeitete als Architekturzeichner, wurde nie psychiatrisiert und war zutiefst einsam. Redete noch weniger als der Schreiber *Bartleby*, von dem Herman Melville behauptet hat, er sei mit zwei bis drei kargen Sätzen ausgekommen. Rizzoli war ein phantastischer Architekturzeichner, der die opulentesten Gebäude entwarf, die für ihn Menschen repräsentierten, etwa seine Mutter oder eine Nachbarin von nebenan, in die er ein bisschen verliebt war. Sauber ausgeführt mit schärfstens zugespitzten Buntstiften, sogar mit korrekten Quer- und Längsschnitten versehen. *Sagenhaft schön!* Absolut bezaubernd und wild verrückt! Damit nicht genug. Er gründete auch einen geheimen Orden, zeichnete einen Turm, von dem aus sich die Mitglieder seines Ordens zu Tode stürzen konnten. Rizzoli war das einzige Mitglied des Vereins, schrieb sich an die eigene Adresse unentwegt Mitteilungen, ganz so, als hätte der Orden über hundert Mitglieder gehabt.

Als mein Mann in New York gastierte, habe ich in einer Galerie einige seiner sehr großen Bilder gesehen. Ich war wie berauscht. Überaus detailreiche Zeichnungen von ausgefuchster Schönheit, auch im Kolorit – mit einem Schuss ins Morbide, denn der arme kleine Mann wurde von Selbstmordphantasien heimgesucht, platzierte oft einsame Figürchen auf die Dächer seiner phantastischen Gebäude, gerade so, als würden sie sich gleich herabstürzen. Übrigens lebte er in einem winzigen Häuschen, das nach etlichen Jahren von Pflanzen so überwuchert war, dass kein Licht aus den Fenstern mehr nach außen drang.

Nun gut. Ich weiß. Es interessiert dich nicht die Bohne. Auch gut. Du brauchst mir nicht mehr zu antworten. Für dich rede ich nur Stuss. Dann lassen wir's dabei. Ich sehe schon wieder eine kleine Seelengruppe auf mich zutrudeln. Mal sehen, ob ich da wieder was erfahre. Ich weiß, ich weiß, für dich existieren diese schwachleibigen Existenzen mit den zitternden Konturen nicht. Toben alle bloß in meiner Einbildung. Ist mir inzwischen völlig gleichgültig, was du darüber denkst. Hauptsache, ich weiß, was ich weiß. Genügt mir inzwischen völlig.

Geständnis

…schwachleibige Existenz mit zitternden Konturen: Hat sie das gesagt? Ich könnte mich nicht genauer beschrieben fühlen. Dagegen sie – je länger ich sie höre, desto klarer und fester erscheint ihr Umriss vor mir. Ich weiß nicht, wie sie im Leben aussah, aber was sie sagt und ihre ganze Art zu sprechen vermitteln mir ihre Anwesenheit klarer, als ich die meine je spürte. Ihre Engstirnigkeit ist ihre Präsenz, ihr Wille unerschütterliche Macht. Alle meine Versuche, sie zu irritieren, gingen fehl. Ja, umgekehrt: Nie spürte ich meine Machtlosigkeit stärker, mein Garnichtdasein. Ein zarter Wind, der ein Gebirge umwerfen möchte, ein Mensch, der nur in seinen Worten lebt, Worten, die verwehen, bevor sie je etwas bewirken könnten – war ich je mehr?

Oh, ich habe Lust, endlich zu schweigen. Meine allerletzte Macht aufgeben, um die eigene Ohnmacht nicht länger spüren zu müssen. Ein kleines Zettelchen sein inmitten des unermesslichen Ozeans, ausgeliefert den Wellen, zersetzt von Salz und Licht, zerrissen in das, aus was man bestand, am Ende chancenlos zu Boden sinkend, das wünschte ich mir zu sein. Es war mir nicht beschert. Mein unermesslicher Ozean ist diese Frauenstimme. Ich bin allmählich bereit, mich in ihr aufzugeben. Ihr nur noch zuhören und dadurch allmählich sie selbst werden, ginge das? Ihre Seelenkraft als Rettungsring für andere?

Und doch sträubt sich etwas in mir. Ihre Kraft spüre ich stärker als die meine, aber auch ihre Befangenheit. Mich ihren Grenzen unterwerfen, um meine eigenen zu überwinden? Wir sprechen in derselbe Sprache und klingen doch verschieden. Auch sie sprach mehrmals von ihrer Verwirrung und Unsicherheit, doch spürte ich das nicht. Nie schien sie mir ernsthaft verwirrt oder unsicher. Wir sagen dasselbe und meinen doch Unterschiedliches. Die Worte verbinden uns und bleiben unüberwindbare Schranken. Ich weiß nicht mehr weiter.

Wie kann es sein, dass ich die Anwesenheit dieser Frau stärker spüre als die meine, obwohl sich alles in mir sträubt, sie zu sein? Sie ist etwas völlig Fremdes, von dem ich weiß, dass es aufs Engste zu mir gehört. Wie der Mond die Erde umkreise ich sie, ohne Hoffnung, mich je mit ihr vereinigen zu können. Es sind die Grenzen unserer Macht, die uns einander entstehen und nicht mehr vergehen lassen.

Gertrud, du missverstehst mich, aber ich kann es dir nicht erklären. Es ist meine Schwäche, verzeih mir. Sag, was ist das für eine Seelengruppe, die auf dich zutrudelt?

Es sind mehrere, vielleicht neun oder zehn oder mehr. Aber nein – doch nicht. Jetzt ziehen sie sich wieder zurück, oder besser gesagt: klumpen zusammen. Schade, ich hätte sehr gern auch mal mit einer größeren Gruppe gesprochen. Mich interessiert, ob es einen Grund gibt, dass sie so sehr zusammen bleiben, es wirkt fast so, als wären sie aneinandergeklebt. Diese Leute kommen mir übrigens ziemlich wach vor – sie scheinen wild zu gestikulieren, die haben nichts Mattes an sich. Na, vielleicht diskutieren sie darüber, wie man ein Christ wird, wenn man vorher keiner oder eher ein schlechter als ein rechter war. Die führen sich auf, als hätte ein Wirbel sie erfasst. Als würden sie mit versammeltem Ernst darüber diskutieren, ob sie wirklich Gottes Ebenbild sind. Womöglich etwas von Seiner Verantwortung mittragen. Zwar können sie selbst nicht in Gott hineinfallen und in ihm aufgehen, sie können es nicht mal millimeterweise, aber immerhin sind sie Sein Geschöpf. Absurderweise kommt es mir so vor, als würden sie darüber diskutieren, wie man zu Gott gelangen könnte, trotz des großen Abstandes, der uns von Ihm trennt.

Wahrscheinlich ist das alles gehobener Quatsch, was ich mir da zusammenreime. Ich habe ja nicht die geringste Ahnung, was das für Leute sind. Aber die Gruppe scheint irgendwie interessant zu sein. Jetzt ist sie gerade dabei, sich ein bisschen zu zerdehnen, und tatsächlich, zwei von ihnen kommen auf mich zu.

Ach bitte, kommen Sie doch etwas näher. Sie scheinen ja alle zusammen zu gehören.

Erste Stimme: Wir gehören tatsächlich zusammen.
Der Tod hat uns vereint. Aber wir waren vorher
auch schon zusammen.

Zweite Stimme: Der Schrecken sitzt noch in uns,
er löst sich erst langsam auf, obwohl das alles schon
eine Weile her ist. Aber wir erleben die finstere Stunde
immer wieder neu.

Wo stammen Sie denn her, wenn ich fragen darf.

Zweite Stimme: Aus Paris.

Erste Stimme: Aus dem Herzen von Paris, aus der Rue
Nicolas-Appert. Da sind wir alle zusammen gestorben.

Zweite Stimme: Am siebten Januar.
Das Datum werden wir wohl nie vergessen.

Jetzt tappe ich leider immer noch im Dunkeln. Was ist an diesem siebten Januar geschehen?

Erste Stimme: Wir wurden alle erschossen.

Oh, du meine Güte! Jetzt weiß ich: der Anschlag …

Erste Stimme: Auf Charlie Hebdo. Ja.

Um Gottes willen! Das muss ja fürchterlich für Sie gewesen sein.

Zweite Stimme: Kann man wohl sagen.
Zwölf von uns wurden abgeknallt.

Erste Stimme: Kannten Sie unsere Zeitschrift?
Waren Sie schon mal in Paris?

Natürlich war ich schon öfter in Paris. Ihr Magazin kenne ich aus sehr viel früheren Tagen, aber das ist nun schon viele, viele Jahre her. Ich muss allerdings gestehen, dass ich nicht zu den Bewunderern Ihrer Zeitschrift gehörte. Mir erschien sie ein bisschen zu plump. Und ich mochte den Zeichenstil der Karikaturen nicht sonderlich. Was allerdings nicht im allermindestens rechtfertigt, dass man auf Sie schießt. Der grausame Anschlag auf Sie und Ihre Mitarbeiter hat mich schockiert und empört. Sehr sogar. Es hat mich lange beschäftigt, dieses entsetzliche Todeskommando, dieser Angriff auf unsere Zivilisation, deren Freiheit wir unbedingt verteidigen müssen. Und da ist es nun völlig gleichgültig, ob ich Ihre Zeitschrift las und liebte oder nicht.

Aber sagen Sie mir doch bitte: Wie geht es Ihnen hier oben?

Erste Stimme: Man tut, was man kann.

*Zweite Stimme: Wir überlegen, ob wir hier oben
ein neues Magazin herausgeben.*

*Erste Stimme: So im Stile von Mémoires d'outre-tombe
à la Chateaubriand …*

Zweite Stimme: Na, ein bisschen schärfer …

Erste Stimme: Nicht so ganz angepasst an das Treiben hier …

*Zweite Stimme: Aber mit Luftlettern und Luftstrichen
auf bläulichem Hintergrund …*

*Erste Stimme: Wir streiten uns noch, ob von Wölkchen
oder schwarzen Schleiern durchzogen.*

*Zweite Stimme: Irgendwie müssen wir uns ja
den Gegebenheiten hier anpassen.*

Es freut mich, Sie bei so munterer Laune anzutreffen. Ärgern Sie sich bitte nicht, wenn ich den Wunsch hinzufüge: Möge Gott Sie beschützen – oder zumindest glimpflich mit Ihnen verfahren. Sie haben wahrlich genug gelitten. Und wenn ich an die Bibel denke, fällt mir ein: So manchen Frechdachs und Empörer hat Gott durchaus beschützt. Sie kommen mir zwar nicht gerade vor wie der tapfere Hiob, aber wer weiß schon, was bis ins letzte Quäntchen hinein gerecht oder ungerecht ist. Das einzige, was sonnenklar ist – die grausamen Morde an Ihnen sind schreiendes Unrecht.

Erste Stimme: Ich danke Ihnen. Ihre Worte klingen sehr versöhnlich. Das können wir gut gebrauchen. Es ist ja nicht so, dass wir völlig frei von Angst wären, was noch alles auf uns zukommen mag.

Zweite Stimme: Machen Sie's gut, werte Dame, machen Sie das Beste aus Ihrer Situation. Adieu!

Waren die echt? Warum erschienen sie dir? Gertrud, ich traue dir immer noch nicht. Hältst du mich für einen Frechdachs und Empörer? Verblendet, aber harmlos? Weder das eine noch das andere. Echter Zweifel vermag mehr in uns und über die Welt als alle Pistolenknallerei.

Wenn wir aus solchen Begriffen wie *Religion* und *Gott* beides ableiten können, die Pflicht zu lieben wie die Pflicht zu vernichten, wie zuverlässig und brauchbar sind sie dann? Gerade mit den inhaltsvollen, glänzend strahlenden Begriffen erscheint es mir wie mit großen, starken Fischen, die man leicht zu fangen können glaubt, weil sie so groß sind. Und tatsächlich, liegt er mir nicht schon zwischen den Händen, auch wenn er glitschig, seifig, noch so lebendig hin und her schlägt, dass ich ihn kaum mehr halten kann, bis er endlich nach allerletztem Zucken, längst zittere ich selbst, leblos, erloschen, tot, bereits anfängt, schlecht zu riechen? Solche Begriffe taugen nichts. Statt sie leichthin zu verwenden, sollten wir sie lieber meiden und genauer sagen, was wir mit ihnen ausdrücken wollen. Heiliger Schauer ist jedem Menschen zu eigen, unterschiedlich nur, was ihn verursacht. Verehren ist uns so geläufig wie Verabscheuen. Eint uns das nicht mehr, als sämtliche Bekenntnisse und Fahnen es je könnten?

Und noch etwas will ich sagen. Was für Glauben und Weltanschauung ausgegeben wird, erscheint mir wie ein bloßes Reservoir von Sprüchen und Begriffen, die man in der täglichen Praxis gerne so kombiniert, dass man selbst gut dasteht. Wie leicht wird aus der allerliebsten Person eine böse, sobald man sich von ihr bedroht fühlt. Ein ungerechter Gott kann mir gestohlen bleiben, so ähnlich hast auch du dich ausgedrückt. Versteh mich recht, ich kann dich gut begreifen, denn so funktionieren wir alle: Die Gedanken, die in uns aufsteigen, die Meinungen, die wir verkünden, sind bloß unsere Arme, die wir seitlich ausstrecken, um auf dem Seil, über das wir stolz durchs Leben schreiten, nicht die Balance zu verlieren.

Was wir im einen Moment für eine wichtige Wahrheit halten, erscheint uns im anderen unpassend oder vernachlässigbar. Du magst diese permanente Widersprüchlichkeit, diesen bloßen Halt im Nichts, dieses Misstrauen gegenüber dem einzigen, was wir haben, Vernunft und Sprache, nicht so verspüren, sie entsprechen nicht deinem Lebensgefühl. Aber was ist dieses Lebensgefühl viel mehr als deine Überlebensstrategie?

Glaube? Ein schillernder Begriff, seitdem Paulus ihn zum entscheidenden Kriterium für ein christliches Leben erhob. Was aber bedeutet er heute? Ein Behelf für jene unabsehbaren Räume und Zeiten, die dem Wissen unzugänglich sind. Ein Behelf, der die Angst lindern, vielleicht sogar nehmen kann. Wie? Nicht, indem er Wissen vorgaukelt, wo kein Wissen ist. Aber dadurch, dass er das Vertrauen in das, was gesehen wird, so sehr stärkt, dass die Frage nach dem eigenen, persönlichen Weiterleben ihre Bedeutung verliert.

Die Pflicht, Leben zu vernichten, leite ich jedenfalls nicht von dem ab, was uns Jesus gelehrt hat. Da denke ich sofort an die Geschichte von der Ehebrecherin, die eine wutentbrannte Meute steinigen wollte, eine der glanzvollsten Geschichten des Neuen Testaments. Jesus wendet die Augen ab von der hasserfüllten Menge, denn die gebärdet sich wie eine Jagdmeute Hunde, denen man auch nicht direkt in die Augen blicken darf, wenn man sie nicht weiter reizen will. Stattdessen nimmt er einen Stab, blickt zu Boden und zeichnet etwas in den Sand. Bleibt ruhig, ganz ruhig. Vexiert damit die aufgeregten Leute, deren Hatz zum Stillstand kommt, lenkt sie ab. Und dann fällt der schier unglaubliche Satz: *Wer sich frei von Sünde weiß, der hebe den ersten Stein.* Heilandzack! Das sitzt! Die gerade noch erregten Leute, zu einem aggressiven Haufen geballt, zerstreuen sich wieder und machen sich, ein jeder für sich, mit nachdenklich hängendem Kopf davon.

Im Übrigen ist nicht alles Wahrhaftige frei flottierbar. Das Verbot, seinen Nächsten zu töten, gilt, denn jeder Mensch ist von Gott gewollt. Die anderen Gebote gelten sehr wohl auch. Man mag manches im modernen Sinn etwas freier interpretieren. Und es mag außerordentliche Notlagen geben, die zu außerordentlichem Handeln provozieren. Trotzdem: Der Wesenskern des gesamten Dekalogs gilt. Und dabei geht es sehr wohl ums Ganze, denn es ist eine Anleitung zum guten Leben und beinhaltet den Grundgedanken des zivilisierten Umgangs miteinander, beglaubigt und besiegelt von höherer Warte aus.

Aber im Grunde habe ich keine Lust mehr, dir zu widersprechen. Es wirkt auf mich zunehmend sinnlos. Die Seelen, die an mir vorbeidriften, locken mich ungleich mehr. Ich hoffe inständig, mich ihnen bald anschließen zu können und nicht mehr wie von einer Luftwurzel umschlungen am selben Fleck verharren zu müssen. Ich sehe schon, da kommt wieder jemand auf mich zu … nein, schade … weicht wieder zurück.

Eben noch hast du sämtlichen *schlimmsten Verbrechern* ewige Verdammnis mit übelsten Dauerschmerzen zugewünscht. Dagegen wäre ein einzelner Steinwurf geradezu ein Freispruch. Töten nicht, in diesem Krieg aber schon. Einmal so, einmal so, gerade wie's passt und außerordentlich erscheint. Wie viele wurden heiliggesprochen, weil sie getötet haben? Oder sie riefen wie der heilige Bernhard von Clairvaux zu massenhaftem Töten auf. Ich bezweifle, dass man mit einer Handvoll kluger Sätze und Sprüche den richtigen Weg durchs Leben finden kann. Meist fallen sie einem als Begründung für eine Entscheidung ein, die man längst getroffen hat.

Dass Nachdenklichkeit ein besserer Ratgeber ist als Erregung, Heilandzack, davon musst du mich nicht überzeugen. Leider hielt mich die Nachdenklichkeit nicht nur vom Steinewerfen ab. Dir ist das Leben vielleicht leichter gefallen. Nicht dass Nachdenklichkeit keinen Spaß machen würde, in gewisser Weise ist sie bloß Triebbefriedigung, aber es ist anstrengend und ich wünschte mir vom Tod eher Ruhe und Frieden als Himmelstöne, Lichteffekte und aufregende Begegnungen, die mich nur wieder nachdenklich machen. Sag an, wer ist's diesmal?

Es hat keinen Sinn... Wenn sie wieder auftauchen, werde ich mich an die Wesen halten, mit denen ich sprechen kann. Und ich fühle schon die Vorboten einer Veränderung, vielleicht ist es mir vergönnt, mit der Schar der Anderen umher zu ziehen. Sie sind unruhig, gleichsam in zitternder Erwartung, voller Ungeduld, und sie hoffen wie ich. Vielleicht nicht alle, aber etliche schon. Sie warten auf die gnadenreiche Aufnahme und eine weitere Transformation der Existenz. Nicht im Sinne der Wiedergeburt, sondern eines völlig anderen, nie gekannten Lebens, für das es kein Wort und keine exakte Beschreibung gibt. Aus mir wird bestimmt keine Ameise und auch kein Panther, kein Schakal, kein Fetzenfisch, keine Kröte und kein Frosch. Auch keine Palme und keine Sonnenblume. Ich komme weder als in Lumpen gewickelter Säugling in Indien wieder zur Welt, noch wird aus mir eine Prinzessin, die die Männer ärgert, erst recht kein nasebohrendes Schulkind.

Nein. So nicht.

Was ich erwarte? Beseligende Freude, Weisheit, ein wenig unterfüttert mit homerischem Gelächter, sprachliche Ausdrucksformen, schwer zu unterscheiden von einer Musik, die auf Wellen tanzt, Klanggebilde von höchster Präzision, in denen immer neue Formen der Erkenntnis aufscheinen, welche helfen, die verschwiegenen Rätsel der Unermesslichkeit des Alls und damit Gottes Wirkwerk in seiner Komplexität zu begreifen. Was je gelebt hat, ist darin enthalten und entfaltet sich wieder zu neuer Blüte in einer in Schönheit dargereichten und aufgehobenen Seinszuversicht. Alles und jedes lebt und regt sich, ohne einander zu fressen, ohne sich zu malträtieren oder zu bekriegen. Wie genau solche Existenzformen aussehen mögen, weiß ich nicht. Die Süße der Hoffnung malt mir schönere Bilder, als es der hinreißende Maler Roelant Savery in seinen paradiesischen Tableaus vermochte.

Aber ich spüre sehr wohl, was ich erhoffe, bekomme ich nicht einfach so serviert. Mir will es scheinen, als müsste ich noch einmal durch die Schleuse des Schreckens, müsste bis ins Mark der Knochen hinein erzittern. Den Absturz habe ich immer wieder vor Augen. Erst die extreme Schräglage des Fliegers, dann gehen oben die Gepäckfächer auf, Zeugs fällt runter,

Schirme, Kleider, Taschen, auch deine Aktentasche, unsere Stewardess, diese sehr hübsche blonde Frau, rennt durch den Gang nach vorne, stolpert und fällt zu Boden, die Leute fangen an zu schreien, ich kralle mich an den Lehnen fest, zittere vor Angst, schließe die Augen und fange innerlich an zu beten, schreie aber nicht. Du schreist auch nicht, du sitzt neben mir und umklammerst meinen Arm, dann geht's in rasendem Sturz steil hinab … mehr weiß ich nicht. Wir sind wohl im Meer aufgeschlagen, plötzlich Wasser überall. An den Todeskampf kann ich mich nicht mehr erinnern. Vielleicht bin ich schon im Moment des Aufschlags ins Wasser gestorben, aber das weiß ich nicht mehr. Ich hoffe sehr, dass diese fürchterlichen Minuten sich langsam wieder aus meinem Gedächtnis entfernen, hoffe zumindest, dass sie die Gewalt des Schreckens verlieren. Aber leider ist es noch nicht so weit.

Die Bilder kenne ich und das Zittern. Ich wollte es dir nicht sagen: Immer noch halt ich's für einen bösen Traum. Der Verstand gebiert Ungeheuer. Es sind bloß Möglichkeiten. Auch die Erinnerung, ich will mich auf nichts verlassen, selbst nicht auf mich.

»Er will es bloß nicht wahrhaben«, denkst du, ein Verdränger, er erträgt den Schmerz nicht. Erträgst du ihn? Nur indem du dir eine prächtige Zukunft ausmalst. »Es hat schon alles seine Richtigkeit«, denkst du. Du denkst es, weil es sich wie ein Automatismus schon immer in dir gedacht hat: Ich bin nur eine kleine Sünderin, noch dazu geb' ich alles zu, was also kann mir passieren? Gut, am Schluss wird es noch einmal schlimm, da müssen wir durch, danach aber wird alles gut, schließlich hab ich niemanden umgebracht. Darin bestand der Glaube, der dich durchs Leben getragen hat. Und nach dem Tod? Es wird, meinst du, wohl so sein wie im Leben: Einige sitzen im Gefängnis, die Mehrheit aber darf

frei herumlaufen. Doch du kennst ihn so wenig wie ich: den Maßstab der Ewigkeit.

36 Gerechte reichen, um die Welt nicht untergehen zu lassen?
Welche Vermessenheit, so zu denken. Gertrud, ich will dich nicht
zurechtweisen, dir nur sagen, was sich in mir denkt. Und wenn du
ehrlich bist, es denkt sich auch in dir. Was wir laut aussprechen, ist
bloß Antwort auf die Stimme des anderen. Wir sind nicht unsere
Meinungen, das sind wir nur für andere. Wie kämen wir sonst je
zu uns selbst bei der Geschwindigkeit, mit der wir unsere Meinungen ändern? *Klanggebilde von höchster Präzision* erwartest du dir
vom Tod, *Musik, die auf Wellen tanzt, verschwiegene Rätsel der Unermesslichkeit*? Du weißt so gut wie ich, dass ein paar Töne, Lichter und Metaphern noch keine Transzendenz machen. Das mo-
mentane Gefühl von Seligkeit ist nicht die Seligkeit selbst. Poesie
und Kunst spiegeln unser Leben, unsere Ängste und Sehnsüchte,
Guckloch in die Ewigkeit sind sie nicht.

Es ist wahr: Ich erinnere mich an alles, was du sagst, die plötz-
liche Schräglage, dass alles außer Kontrolle geriet, und – kurz und
hell – der schockierende Gedanke, wie leicht sich die Zukunft ver-
spielen lässt. Meine Angst, mein Zittern stecken mir noch in den
Knochen, könnte ich sagen, hätte ich noch welche. Auch deinen
Arm spüre ich, weich und warm, als könne nichts passieren.

Und dennoch: Wie kann es sein, dass wir nach einem Flugzeugabsturz einander sprechen hören, als säßen wir, nur ohne
Körper, immer noch nebeneinander? Dir mag das Unwirkliche an
der Wirklichkeit deines Lebens nicht so aufgefallen sein – was ist
Ernst, was Spiel, mir war diese Ungewissheit ständiger Begleiter.
Sub specie aeternitatis: Spinoza meint, ein Philosoph müsse alles
unter dem Blickwinkel der Ewigkeit sehen, um an die Wahrheit zu
gelangen. Nur, wie auf das Ganze sehen, wenn es doch auch wieder nur ein Winkelblick ist? Tot sein heißt, nicht leben, und leben,

nicht tot sein. Die Wahrheit aber liegt allein im Zusammenhang zwischen dem, was wir auseinanderhalten zu können vermeinen. Wir sollten nicht vorgeben, ihn zu verstehen. Montaigne, viel bescheidener, meinte, alles Philosophieren diene bloß dazu, auf die richtige Weise sterben zu lernen. Sind wir auf die richtige Weise gestorben? Vermutlich nicht. Was ich höchstens im Stillen denke, aber nicht sage, sagst du, und umgekehrt. Es sind Rollen, die wir spielen, Rollen, die wir uns gegenseitig aufdrängen, um zu spüren, was wir für unser Selbst halten. Wissen aber können wir beide nichts.

Natürlich ist das alles unwirklich wirklich. Ich wundere mich darüber ja nicht weniger als du. Dass ein paar Lichter und Töne noch keine Transzendenz machen, weiß ich. Wieso hältst du mich immer für derart empörend naiv? Aber ich sagte es schon: Mir fehlt langsam die Lust, einen permanenten Widerspruchsdialog fortzuführen. Du hältst mich für simpel oder banal oder beides. Sei's drum.

Richtig sterben kann man natürlich nur, wenn es die Zeit gibt, sich darauf vorzubereiten, um eine entsprechende innere Haltung einzunehmen. Man muß sich ja in den noch völlig unbekannten Zustand hineintasten, dass alsbald etwas Unausweichliches geschieht. Sich mit dem Tod abzufinden, bevor er zuschlägt, das wurde uns beiden leider versagt. Zweifellos hat Montaigne Kluges zur Vorbereitung auf den Tod gesagt. Doch wir sind als verstörte, zutiefst verängstigte Menschen gestorben. Plötzlich. Wie hätten wir uns vorbereiten sollen? Wie hätten sofort wieder Ergebenheit, und vor allem Hoffnung in uns keimen sollen? Und worauf? Dieser grausame Sturzflug ist ja wie ein Hieb in uns gefahren. Er hat alles zunichte gemacht, woran wir je geglaubt haben. Ich kann mich kaum mehr daran erinnern, was ich in den bitteren Minuten gedacht habe, weiß nicht mal mehr, ob ich überhaupt habe denken können. Was uns verbindet ist vielleicht, dass wir beide verstummt sind, jedenfalls unsere Angst nicht laut herausgebrüllt haben. Als *Haltung* würde ich das zwar nicht unbedingt bezeichnen, aber ein kleines Quäntchen Tapferkeit hat unsere Münder wohl versiegelt.

Aber, wie gesagt, so langsam wird es für mich sehr, sehr mühsam, mit dir zu sprechen. Es laugt mich aus. Noch harre ich in einer schwer zu deutenden starren Position aus, was mir zunehmend missfällt. Noch bin ich gebannt. Geistig festgenagelt. Aber ich fühle bereits, wie sich Kräfte in mir regen, die es mir erlauben werden, mich den driftenden Seelen anzuschließen. Die sind in einem Schwung begriffen, der in mir ein nie gekanntes Begehren wachsen lässt und eine nie gekannte Freiheit verspricht. Beharre du nur weiter auf deiner Ansicht, dass ich Blödsinn verzapfe, mich im flackernden Kerzenschein der Stupiden betrachte, einem netten, günstigen Lichtlein, das verantwortungslos herumhupft und herumspringt und von der Wahrheit nichts wissen will.

Mach nur so weiter! Es ist mir inzwischen völlig gleichgültig.

Dass du mich auch nie verstehst. Kein Wunder, wenn wir immer noch nicht voneinander lassen können. Erst müssen wir einander begreifen. Du siehst in mir den völlig Anderen, noch dazu Unangenehmen, weil ich infrage stelle, was du sagst, glaubst du, ich lehne dich ab. Dabei ist es bloß die Art, wie ich bin. Meinst du, ich könne dich begreifen, indem ich dich für alles halte, was du von dir gibst? Es sind Fassaden, hinter denen wir uns verstecken, auch vor uns selbst.

Du willst dich anderen Seelen anschließen, willst weiterleben, wie du immer lebtest, nur schöner noch als bisher. Du willst den Wind des Lebens spüren. Und die Vergänglichkeit? Gertrud! Es ist derselbe Wind. Versteh mich endlich, ich will dich nicht einfach bloß kritisieren, sondern begreifen. Dazu muss ich mir deine Sicht in die meine übersetzen. Was du als Leben interpretierst, ist mir die Vergänglichkeit. Worin du den Wert des Lebens siehst, ist mir seine Nichtigkeit. Nur ist es eben auch umgekehrt. Was ich Nichtigkeit nenne, ist dir intensives Erlebnis.

»Nu isses raus«, denkst du, ein Verrückter. Aber sieh mal, es ist doch so: In dem Moment, in dem du etwas Großartiges erlebst, vergisst du dich. Deine kleinen Sorgen, deine Unzufriedenheit mit dir selbst, du fühlst dich deiner Vergangenheit enthoben, vergisst, wer du bist, löst dich auf in einem wundersamen Gefühl unendlicher Gegenwart. Bin ich verrückt, weil ich es ein Nichts nenne? Die Lust am eigenen Verblassen, die Wonnen der Melancholie sind dir fremd, dieser wunderbare Schauder, den die Erkenntnis der eigenen Nichtigkeit und Unwissenheit erzeugt. Du nennst die Entlastung von deinem Selbst: Freude, Schönheit, Leben. Woher der Unterschied zwischen uns? Vermutlich hoffst du auf die Zukunft, während ich über die Vergangenheit traure. Du schwärmst für Hymnen, ich liebe die Elegie. Aber Ewigkeit kennt weder Zukunft noch Vergangenheit. Ich glaube nicht, dass wir in diese Ewigkeit jetzt eingehen werden. Wir haben ihr immer angehört. Was könnte es außer ihr geben?

Ist dir meine psychologisch-semantische Erklärung für unsern Streit zu billig? Beharrst du auf Differenz? Sieh mal, es zieht dich zu anderen Seelen, warum? Weil du sonst nicht wärst. Dir erscheint diese deine Bedingtheit wie bloße Geselligkeit. Eine nette Zugabe zum sonstigen Dasein. Und im Leben ist sie es ja auch. Aber dort, wo nur noch Seelen existieren, sonst nichts, ist uns der

Andere nicht bloß Zugabe und Erlebnis. Der Andere ist, damit wir selbst sein können. Du bist, weil ich bin, und umgekehrt. Wir beide bedingen einander. Verstehst du, was ich meine? Verlässt du mich, wirst auch du nicht mehr du sein, und ich nicht mehr ich. Bist du dazu bereit? Wir starben im selben Moment am selben Ort auf dieselbe Weise. Auch wenn das von außen wie bloßer Zufall aussieht, wir sind Bestandteil ein- und desselben Geschehens. Und was könnten wir ab jetzt noch sein außer dem, was mit uns geschah? Der Tod hat uns alles Handeln unmöglich gemacht. Wir bestimmen nicht mehr über uns selbst.

Und noch etwas: Wie oft sprachst du von Erlösung. Erlösung von was? Was ist dir die vollkommene Liebe, wenn nicht Hingabe des Selbst?

Ich fühle die Grenze schwinden, die mich umgeben und davon abgehalten hat, das Unendliche zu berühren. Jetzt fühle ich mich immer stärker selbst davon berührt. Die ewige Stille des unendlichen Raums, die hier furcherregend vorwaltet, wenn wir nicht miteinander reden, hält neue Geheimnisse für mich bereit. Ich will nicht mehr scheinvernünftig auf alles blicken, was sich ereignet hat. Die nagenden Würmer, die in meinem immerzu auf der Hut befindlichen Bewusstsein herumwimmelten, setzen mir nicht mehr zu. Ich teile jetzt die Verwegenheit der Schatten, die sich zu unbekannten Ufern aufmachen, sehne mich nach einer geläuterten Vernunft, die nicht nur den sturen Rückblick kennt. Aber bevor Leichtigkeit und Schönheit in mir Raum greifen können, muß ich mich noch einmal auf Schreckliches besinnen, und da kommen mir wieder die Zeilen eines Gedichts in den Sinn – »Das Siechtum der Engel ist nichts Neues. / Ich habe sie gesehen, wie Bienen kriechend, / Ohne zu fliegen; / auf ihren Zungen kauend, statt zu singen …«[11] Nun ja, Hässliches und

Schönes in verwirrender Mixtur sind unser Los auf Erden, das hat der amerikanische Dichter Mark Strand sehr scharf gesehen. Wir können nicht grundvernünftig auf uns selbst zurückblicken. Unsere geistigen Lichter sind getrübt. Doch hier – nicht, dass es besonders hell wäre, aber hier scheint ein merkwürdiges Licht zu scheinen, dessen Drang zugleich in die Tiefe und in die Höhe geht. Ich sehe flüchtige Lichtspiele, die bisweilen über den Köpfen der Seelen erscheinen, die an mir vorüberziehen. Seltsame Lichter, die den Seelen ein teils erloschenes Aussehen verleihen, ihnen andererseits zu einer flüchtig aufblühenden Präsenz verhelfen. Unerschöpflich. Schwer zu beschreiben. Doch das Wesentliche hat sich noch gar nicht offenbart. Doch jetzt zeigen sich wieder nahende Seelen, eine größere Gruppe sogar, die …

Gertrud! Pass auf!

… eine größere Gruppe bestehend aus drei Männern und zwei Frauen.

Gebilde aus Hoffnung, Furcht, Erinnerung. Kann Traum erlösen?

Das ist kein Traum. Ich bin glasklar bei Verstand. Kein Wunschgebirge nach dem grenzenlos Maßlosen baut sich in mir auf. Da wabert nichts herum, mein Denken und Fühlen konzentriert sich darauf, möglichst klar zu erfassen, was nun geschieht.

Ich weiß, du traust dir ohne Zweifel. Die Nacht ist dir Tag.

Hallo, Sie da – ja, genau, Sie meine ich. Wollen Sie nicht näher herankommen, dann können wir uns ein bisschen unterhalten. O ja, nur zu, bitte, kommen Sie doch!

Sehr schön. So viele Seelen in einer Gruppe haben sich mir bisher noch nicht aus der Nähe gezeigt. Darf ich fragen, was Sie vielleicht verbindet?

> *Erste Stimme: … a slush of vigilant gulls*
> *in the grey spew of the sewer.*

> *Zweite Stimme: Er rezitiert uns gerade eines seiner Gedichte.*

> *Dritte Stimme: Er tut es nicht gern, aber wir haben ihn*
> *darum gebeten.*

> *Vierte Stimme: Wir mussten ihn regelrecht anbohren.*

> *Fünfte Stimme: Weil er sich überhaupt nicht*
> *für einen Dichter hält.*

Darf ich fragen, welches Wesen Sie da gerade im Schlepptau haben?

> *Vierte Stimme: Beckett. Den großen Samuel –*
> *Sie kennen ihn wahrscheinlich …*

> *Zweite Stimme: Der Ire, der die meiste Zeit seines Lebens*
> *in Frankreich verbracht hat.*

Das freut mich jetzt aber ungemein. Beckett, der großartige Beckett, allen Ernstes? Das finde ich ungeheuerlich – ja, schlicht überwältigend. Und verraten Sie mir vielleicht, wer Sie und die anderen sind? Ich bin Gertrud Severin aus Stuttgart, erst seit kurzem hier und weiß so wenig darüber, wie es hier zugeht, deshalb verzeihen Sie bitte meine Neugier, ich bin natürlich sehr, sehr neugierig. Und bitte – verzeihen Sie mir auch meine etwas zudringlichen Fragen.

Erste Stimme: Ich bin Alexander Moritz Frey. Auch ein Schriftsteller.
Vermutlich haben Sie noch nie von mir gehört.

Leider. Ich müsste lügen. Ist mir jetzt richtig peinlich.

Alexander Moritz Frey: Das braucht es nicht.
Ich verschwand während der Nazizeit im Exil,
lebte erst in Österreich, dann in der Schweiz.
Da wurde mein Name ausradiert. Aber Anfang
des letzten Jahrhunderts kannten Leute, die mit Literatur
zu tun hatten, einige meiner Bücher – etwa:
Solneman, der Unsichtbare. Ich war auch befreundet
mit Thomas Mann. Mehr noch mit seinem Bruder Heinrich.
Die beiden haben mich in meinem Schweizer Exil unterstützt.
Das habe ich ihnen nie vergessen. Ich war übrigens auch
deshalb gefährdet, weil ich Adolf Hitler während
des Ersten Weltkrieges ganz gut kannte.
Ich war Sanitäter und musste ihn betreuen, und er war
eine hysterische Heulsuse. Über den sogenannten Führer
hätte ich so einiges erzählen können, was seinem heroisch
geschönten Bild überhaupt nicht entsprach. Er war eine
zerrüttete Heulsuse, die vielen seiner Kameraden
auf die Nerven ging.

Was?! Das ist ja ungeheuerlich! Hitler ist vermutlich nicht hier. Der gehört wohl definitiv in eine andere Abteilung. Aber vielleicht Thomas Mann?

Alexander Moritz Frey: Da haben Sie vermutlich recht.
Wahrscheinlich ist das so. Aber von uns hat auch noch keiner
Thomas Mann gesehen. Heinrich ebenso wenig.

Zweite Stimme: Was schade ist, denn wir würden uns alle
sehr gern mit den beiden Brüdern unterhalten. Thomas Mann
war ja auch bei uns in Amerika sehr bekannt. Ich bin übrigens,
oder war – wie man's nimmt – Amerikanerin. Carson McCullers.
Aber wahrscheinlich ist Ihnen mein Name auch noch nie begegnet.

Aber klar doch! *Das Herz ist ein einsamer Jäger. Die Ballade vom traurigen Café.* Das ist übrigens eines meiner Lieblingsbücher.

Carson McCullers: Freut mich. Ist auch mein liebstes.

Ach, Sie haben ein großes Herz. Und sind eine fabelhafte Menschenkennerin. Auch wenn diese kompliziert und schrecklich sind, lassen Sie Ihre Figuren nicht im Stich. Schon als ganz junge Frau, noch kaum erwachsen, sind Ihnen fabelhafte Bücher gelungen, die von außerordentlicher Menschenkenntnis zeugen.

Und Sie? Darf ich noch fragen, wie Sie heißen? Falls es Ihnen nicht zu aufdringlich erscheint. Manche wollen hier offenbar partout nicht mit ihrem Namen herausrücken, was ich eigentlich nicht verstehe.

Samuel Beckett: Ich bliebe auch lieber anonym.
Aber mich kennen Sie ja schon. Der mit den wachsamen Möwen,
die auf Deutsch etwas seltsam klingen.

Jessas! Das ist ja klasse. An Sie hätte ich eine ganz besondere Frage, aber ich traue mich nicht …

Samuel Beckett: Dann lassen Sie es sein.

Und Sie? Wenn ich fragen darf.

Vierte Stimme: Gestatten – Sie haben Dame Edith Sitwell vor sich. Engländerin. Geboren in Yorkshire. Ich bin die, die man als Kind in einen eisernen Rahmen gespannt hat, damit die Wirbelsäule gerade bleibt. The English Eccentrics, Rustic Elegies, Gardeners and Astronomers, The Outcast. *Wahrscheinlich kennen Sie nicht eine Silbe davon, weder auf Deutsch, noch auf Englisch.*

Doch! Aber klar doch! Ihre *Englischen Exzentriker* habe ich mit großem Vergnügen verputzt. Und ich liebe Ihre Gedichte. Sie sollen sie ja teilweise mit dem Megaphon vorgetragen haben, das klang bestimmt sehr amüsant und sonderbar. Ich habe bedauert, dass ich nie einen Ihrer Vorträge hören konnte. Sehr beeindruckt hat mich Ihr Gedicht über den Zweiten Weltkrieg und die Bombennächte, leider kann ich es nicht auf Englisch zitieren: *Still fällt der Regen / Finster wie die Welt der Menschen / Schwarz wie unser Verlust / Blind wie die neunzehnhundertvierzig Nägel am Kreuz.*
Sie hatten Sinn für charmante Albernheiten, aber im Grunde wirkt vieles, was Sie geschrieben haben, auf mich tiefernst. Es kursieren die sonderbarsten Gerüchte um Ihre Auftritte. Für mich klingt das, was ich über Sie gelesen habe, höchst anziehend.

Edith Sitwell: Da hab' ich ja nochmal Glück gehabt.

Und Sie? Darf ich fragen: Was ist mit Ihnen? Sie haben sich bisher noch gar nicht zu Wort gemeldet.

Fünfte Stimme: Bin auch eine von denen.
Marie-Luise Fleißer. Bombennächte wohl bekannt.
Aber von der anderen Seite des Kanals.

Ach, das ist ja kurios. Von Ihnen habe ich ziemlich viel gelesen. Etwa Ihre Reise nach Andorra mit dem komischen Vogel Draws-Tychsen. Alles, wirklich alles, was ich von Ihnen kenne, finde ich sagenhaft gut!

Bis auf die Texte von Herrn Frey, den ich zuvor leider nicht gekannt habe, sind mir von Ihnen allen einige Ihrer Veröffentlichung bekannt. Es will mir gerade so vorkommen, als hätte man Ihre kleine Truppe extra für mich zusammengestellt, damit ... aber was rede ich da: Von Ihnen weiß ich leider noch nicht, wer Sie sind.

Sechste Stimme: Felisberto Hernández.

Was?! Ihre Erzählungen hatte ich im Flugzeug dabei, als ... na, darüber will ich jetzt nicht reden. Aber der Band heißt: *Die Frau, die ... die ...*

Felisberto Hernández: ... die mir gleicht. So zumindest auf Deutsch.
Das stammt aus Nadie encendía las lámparas.

Und den Film, den meine Lieblinge, die exzentrischen Trickfilmbrüder Quay, über Sie gedreht haben, den kenne ich auch. *Unmistaken Hände* oder doch: *Hands?* – das ist fabelhaft und passt haargenau zu Ihrem Werk. Sie waren für mich eine sensationelle Entdeckung, weil ich zuvor rein gar nichts über Sie wusste. Eine argentinische Freundin hat mir Ihr Buch geschenkt. Aber Sie sind ja wohl kein Argentinier, sondern anderswo in Lateinamerika geboren. Habe ich recht?

Felisberto Hernández: Stimmt. In Uruguay. Den Film
konnte ich leider nicht sehen. Aber ein Bekannter,
der erst vor wenigen Jahren gestorben ist,
hat mir davon erzählt.

Ihr Buch habe ich zwar nicht zu Ende lesen können, aber allein die ersten Geschichten haben mich sehr beeindruckt. Bis zum *Platzanweiser* bin ich gekommen. Ich weiß noch genau, es endete für mich an der Stelle, da ein Herr davon träumt, er liege als Hündchen auf der Schleppe einer Braut, die ihn erhobenen Hauptes mit sich fortzog, dann … ja dann ist mir das Buch leider aus der Hand gefallen.

Aber wie haben Sie denn hier zusammengefunden? Sie kannten sich doch vermutlich nicht in Ihrem wirklichen Leben. Es kommt mir außergewöhnlich vor. Allesamt Schriftsteller, noch dazu bis auf einen lauter Leute, deren Bücher ich ganz gut kenne und liebe.

Alexander Moritz Frey: Tja, versäumt ist versäumt.
Die Lektüre können Sie hier oben nicht nachholen.
Hier braucht man keine Bücher. Aber man behauptet,
es wäre uns vielleicht später vergönnt, alles zu genießen,
was die Menschen an Wertvollem hervorgebracht haben,
seien es nun Gedichte, Romane, Bilder, Musik, Architektur,
einfach alles, was auf seine Weise erhellend und gelungen ist.
In einer Art immateriellen Kompaktheit, für die uns jetzt

noch die Anschauung fehlt. Mein geheimnisvoller Solneman,
der auf der Riesenmauer eines Parks, den er gekauft hat,
mit seinem Automobil herumrast und die Neugier der
Stadtbewohner aufstachelt, könnte vielleicht auch dabei sein –
wenn ich Glück habe. Aber ich will nicht vermessen sein.
Es gibt ungleich bedeutendere Werke als die, die ich
hervorbringen konnte. Da mache ich mir nichts vor.

Es berührt mich sehr, was Sie da sagen. Ich hoffe, es kommt so. Vielleicht besteht die Erlösung zu einem Gutteil auch darin, dass wir unbekümmert am Guten, Wahren und Schönen geistig schmausen dürfen, ohne vom Kitsch oder von ausufernden Sadismen behelligt zu werden. Keine Gleichgültigkeit mehr, keine Aneinanderreihung öder Töne und todbringender Sätze, kein Geschmier, kein Sturz in den Schattenschlund – wie sehr sehne ich mich danach!

Aber auf meine Frage haben Sie keine Antwort gegeben: Wie kommt es, dass sich in Ihrer Gruppe nur Schriftsteller aufhalten, zumal solche, die in den westlich orientierten Ländern lebten. Kein Chinese, kein Afrikaner, kein Japaner dabei. Wie erklären Sie sich das?

Alexander Moritz Frey: Wir haben uns das auch schon gefragt.
Es ist sehr, sehr seltsam. Eine kluge Antwort darauf scheint es
nicht zu geben. Wir kennen sie jedenfalls nicht. Es klingt dürftig,
sich darauf zu berufen, Gottes Ratschlüsse seien unerforschlich.
Aber wahrscheinlich sind sie es. Ich würde mich jetzt gern wieder
zurückziehen und mit den anderen …

Nein, nein, halt! Da scheint ja noch jemand mit Ihnen im Bunde zu sein. Sie habe ich leider übersehen, weil Sie sich im Hintergrund hielten, mir kommt's so vor, als hätten Sie sich hinter den anderen verstecken wollen.

Siebte Stimme: Ich bleibe ganz gern im Hintergrund, wenn's um anscheinend fundamentale Fragen geht. Das war immer schon so.

Erlauben Sie mir trotzdem, dass ich mich nach Ihrem Namen erkundige?

Raymond Queneau hieß ich mal und vielleicht segelt das komische Zeugs, das von mir übrig ist, noch unter diesem Namen.

Ach, der tolle Franzose! *Zazie in der Métro*. Und Ihre kuriosen *Stilübungen!* An denen habe ich einen regelrechten Narren gefressen. Sie sind ein hochbegabter Äquilibrist, jonglieren mit Wörtern und Satzteilen, dass einem schwindlig werden kann.

Raymond Queneau: Soso. Wenn Sie meinen.

Ihnen wäre sogar was zu dem grauenhaften deutschen Schlager *Heidschi-Bumbeidschi-bumm-bumm* eingefallen.

Gertrud…

Raymond Queneau: Klingt gut. Was ist das?

Ein altes Schlaflied, das später zu einem grauenhaften neudeutschen Volkslied mutierte.

Raymond Queneau: Das werd' ich mir mal vorknöpfen,
wenn sich die Gelegenheit dafür bieten sollte. Warum schließen
Sie sich nicht einfach an und kommen mit uns mit?

Ach, das täte ich nur zu gern. Aber ich fühle mich immer noch irgendwie, als steckte ich fest. Was ja im Grund völlig unlogisch ist. Der freie Wille ist mir offenbar genommen oder zumindest eingeschränkt. Eines ist übrigens mehr als erstaunlich hier oben: Ich erinnere mich auch an entlegene Dinge gestochen scharf, als hätte das Hirn alles aufbewahrt. Ich brauche bloß ein bisschen darin herumzukramen, schon ist wieder alles da, was ich je gedacht, gelesen oder gesehen habe. Jetzt zum Beispiel erinnere ich mich an die Anfangssätze aus Ihren *Polyptota*, dabei ist es schon Jahre her, dass ich das Buch gelesen habe: »Ich stieg in einen Autobus voller Steuerpflichtiger, welche einem Steuerpflichtigen Geld gaben, der vor seinem Steuerpflichtigenbauch eine kleine Maschine hatte, welche pflichtschuldigst dazu beitrug, den anderen Steuerpflichtigen die Fortsetzung ihrer Steuerpflichtigenfahrt zu erlauben.«[12] Verrückt, was? Ich meine – die gestochen scharfe Erinnerung.

Vielleicht wissen Sie Bescheid, wie man hier oben mit seinen Steuerpflichten weiterkommt. Was zu tun wäre, wenn Gott uns abkassiert und dann vielleicht weiter fahren lässt. Bitte entschuldigen Sie mein profanes Geschwätz, Sie hätten das witziger eingekleidet, mit einem winzigen Häubchen Gotteszuversicht auf dem profanen Sätzchen obenauf.

Raymond Queneau: Sie trauen der Sprache zu viel zu.
Da muss ich Sie enttäuschen. Hier oben gilt sie nur bedingt.
Gerade wir Schwätzer werden unserer Versicherungsmaßnahmen
beraubt, die unsere Angst dämpfen könnte. Auf unvorhergesehene

Weise werden wir damit konfrontiert, was geschieht.
Mich beschäftigen inzwischen Dinge, für die ich kaum
die rechten Worte finde.

Edith Sitwell: Wir müssen weiter.

Schade!

Raymond Queneau: Gleich bin ich so weit. Nur zum Abschied
noch ein retuschiertes Zitätchen aus Makkaronisch: »Sol erat
altissimus in himmelo, caloria enormissima. Senatus populusque
himmelensis schwitzabant. Omnibi passebant completti …«
… undsoweiter, undsofort … ach was, ist nicht so wichtig.

Sehr, sehr schade, ich würde noch gern …

Gertrud!

Carson McCullers: Es ist Zeit. Vielleicht sehen wir Sie
zu einem späteren Zeitpunkt wieder.

Felisberto Hernández: Noch stochern wir Blinde in einem
undurchschaubaren Gewoge herum. Trotzdem zieht es uns fort.

Carson McCullers: Ja, weiter, immer weiter, fort und fort …

Samuel Beckett: Bis der verdammte Drang zum Erliegen kommt.

Sind sie weg? Es war nicht uninteressant, aber findest du nicht,
dass du ein wenig aufdringlich warst? Gertrud, ich fürchte, ich
muss aufgeben. Gegen dich und deine Zuversicht ist kein Kraut

gewachsen. Das Fegefeuer? Ein Ort zum Anfeuern: ein Stadion, in dem du deine Lieblingsmannschaft spielen lässt. Du hältst dich zusammen, wer könnte dich je aufbrechen? Im Leben nennt man das ein Original. Ein Mensch, der sich seinen eigenen Kosmos erschafft, aus Büchern, Bildern, Tönen – einen Himmel fern der Hölle.

Mir schien das Unbegreifliche am Heiligen immer interessanter als das Begreifliche. Das Hässliche, Böse, Ungerechte, Tragische – bezieht es seine Magie bloß aus einer ungebührlichen Lust am Begreifenwollen? Diese Frage sehe ich durch dich an mich gestellt. Wie soll ich sie beantworten?

Hässlich ist nicht schön, Chaos nicht Ordnung, Himmel nicht Hölle: Da hast du völlig recht. Nur hängen sie zusammen. Ob der Tod diesen Zusammenhang für immer auflösen kann? Ob das Gute und Schöne vom Bösen und Hässlichen zu trennen ist, einfach so, weil Gott es will und auch kann, da er die Unterschiede kennen muss, die er selbst geschaffen hat? Wenn nun aber Gott gar nicht dieser große Zerteiler und Schnitter wäre, sondern umgekehrt der unzerstörbare Zusammenhang zwischen allen Gegensätzen, zwischen Gut und Böse, Schön und Hässlich?

Ich weiß, solche Fragen stellst du dir nicht. Du hast dich entschieden. Aber du hast dich entschieden, ohne lange nachzudenken über die Gründe für deine Entscheidung, sie ergab sich von selbst, durch deine religiöse Erziehung, durch deine Gefühle, durch deinen Lebensweg bist du, wie du geworden bist. Nun jedoch ist der Moment, innezuhalten. Ich bin deine eigene Stimme, die dich fragt, ob du trotz all meiner Einwände an deinen Vorstellungen, die in Wirklichkeit Entscheidungen sind, und also an dir, wie du immer gewesen bist, festhalten willst?

Oh, nein, eine dumme Frage, entschuldige meine Pathetik. Natürlich willst du festhalten. Sich selbst loslassen, wie soll das gehen? Ich weiß es nicht. Es kann nur von alleine geschehen.

Bloß eine Frage noch: Was unterscheidet Glaubensfestigkeit von Eigen- und Starrsinn? Wo genau verläuft die Grenze? Und verliert diese Grenze bereits dadurch ihre Bedeutung, dass ich einer größeren Glaubensgemeinschaft angehöre, die denkt wie ich? Ich meine, ist gemeinsamer Eigensinn noch Eigensinn? Eigensinn wessen? Auch mir dreht sich manches im Kopf. Was wird aus Beckett, diesem selbstlosen Menschen und überzeugten Gottesleugner, wird er verdammt? Zum Dasein eines fliegenden Holländers auf dem Weltmeer der Literatur? Armer Beckett, unschuldiges Opfer göttlicher Strenge. Übrigens gibt es seelengute Menschen, denen sind Bücher die reine Hölle. Meinst du, die strengen sich ihr ganzes Leben an, um dann in demselben Himmel Erlösung zu finden wie du? Wie viele Himmel gibt es? Auch einen für gutmütige Liebhaber von Geschmier, öden Tönen und *Schattenschlünden*? Einen Himmel für Heilige mit schlechtem Geschmack?

Du bist irgendwie auch ziemlich gewitzt. Das muss ich dir lassen. Ein Himmel für Heilige mit schlechtem Geschmack, das amüsiert mich. In puncto Fegefeuer liegst du aber falsch. Ob es nun kommen mag oder nicht, die Seelen, mit denen ich reden kann, befinden sich nicht im Fegefeuer, sondern in einem ungewissen Vorstadium, für das ich kein treffendes Wort habe. Samuel Beckett war übrigens kein Gottesleugner, sondern ein verzweifelt intensiver Gottsucher, darin Kafka ähnlich. Beider Texte sind ja von A bis O durchwittert von der Verzweiflung über den beharrlich sich ihnen entziehenden Gott. Das ist eine echtere, innigere Religiosität als so mancher Fromme sie besitzt, der sich in seiner Gottesnähe suhlt und sich dadurch anderen Menschen haushoch überlegen fühlt. Ich habe solche Leute kennengelernt, es gab sie reichlich unter den Pietisten in meiner schwäbischen Umgebung. Wenn sie aufdringlich wurden, nannte meine Großmutter, die eine sehr fromme Frau war, solche Leute: »Etzet kommet wieder Gottes Senfkörner auf zwei Fieß!« *Fieß* sind Füße, gell! Nur zu deinem besseren Verständnis.

Aber jetzt mal im Ernst! Du denkst ja immer noch, dass ich es mir bloß einbilde, dass da Seelen auftauchen, mit denen ich sprechen kann. Aber du hörst sie ja offenbar auch. Dann schalte dich bei nächster Gelegenheit einfach mal ein, geh dazwischen, dann wirst du schon sehen, ob ich mir das alles nur einbilde!

Einbildest? Hab ich nie gesagt. Einem Toten fehlt die Kraft, sich etwas einzubilden. Er ist ausgeliefert, wo könnte er sich noch verstecken? Hinter seinen Wunschvorstellungen? Was ich hörte, waren deine Sehnsüchte. Erlesene Erinnerungen, die mit freundlicher Stimme locken. Du scheinst einen ganzen Zaubernebel davon mitgebracht zu haben, aus dem uns nun deine Lektürelieblinge der Reihe nach höflich und galant zuwinken. Gertrud, bitte! Vergiss nicht den Ernst unserer Situation. Das ist kein Spielplatz für literarische Flirts. Es geht um den Tod. Deine Zukunft, man hat sie gestrichen. Dass bevorzugt Kinder ins Himmelreich kommen, heißt nicht, man solle nie erwachsen werden. Nein, im Ernst: Manchmal denke ich, du seiest ein kleines Mädchen, das in mir nur einen Spielverderber sieht.

Außerdem fast die ganze Zeit gestritten, was geben wir für ein Bild ab? Das war Ihre allerletzte Chance, Sie beide haben sie vertan – jederzeit könnte eine solche Durchsage unseren Stimmen ein Ende bereiten. Lass uns uns wenigstens auf Folgendes einigen: Der lebenslange Gottsucher könnte mit seinem Tod endlich fündig werden. Wer seinen Gott bereits zu Lebzeiten höchstpersönlich aufgefunden zu haben glaubt, stirbt dagegen ohne rechten Sinn. Wäre das eine Formel, mit der du dich arrangieren könntest? Lebenslange Gottessuche verleiht dem Tod einen tieferen Sinn, ganz gleich, wie sie ausgeht. Oder klingt dir das zu milchig? Jetzt sag doch.

Mit dem lebenslangen Gottsucher bin ich sehr einverstanden, denn darin ist etwas Zitterndes, Hoffendes, augenblickweis Beglückendes enthalten, das einen vor der bockigen Gewissheit schützt, über Gott zu verfügen, die sich nur allzu schnell hochaggressiv gegen Andersgläubige oder, wenn man so will, Ungläubige wendet. Obwohl ich diesen Begriff nicht mag, denn er wird inzwischen millionenfach abwertend benutzt.

Mein Mann ist übrigens nicht sonderlich religiös gestrickt, aber er ist ein großzügiger, sehr hilfsbereiter Mensch, im Grunde ein besserer Charakter als ich. Über Fragen der Religion haben wir nie gestritten.

Dass mir meine Lektürelieblinge zuwinken, erstaunt mich vielleicht mehr als dich. Damit hatte ich nie gerechnet. Doch die innere Plastizität, ein schwer zu beschreibender innerer Logos, auch der fünkchenweis sprühende Charme einer neuen Art der Verständigung, die sich dabei manifestieren, sie beglücken mich sehr wohl. – Bleib dabei! Du denkst, ich sei von einem inneren Wunschnebel, Zaubernebel verlockt worden, die Konversation mit liebgewordenen Schriftstellern aus mir heraus zu schwindeln, als hätten sie eine fragile Plastizität gewonnen. Ich weiß jedoch mit jeden Milligramm Seinskomposit, welches von mir übrig ist, haargenau, dass hier nicht meine Einbildungskraft am Werk ist.

Aber ich will dich davon gar nicht überzeugen. Mir dämmert, dass wir uns in nicht allzu langer Ferne voneinander lösen werden. Der Wunsch, mich den anderen Seelen anzuschließen, gewinnt große Macht über mich. Noch fühle ich mich irgendwie festgeklebt auf einem Boden, den es gar nicht gibt. Doch es kommt mir so vor, als würden unter meinen imaginären Sohlen schon die Freiheitslüftchen wehen. Trotzdem gibt mir einiges zu denken. Weshalb konnte ich bisher nur mit Seelen sprechen, die unserem Kulturkreis entstammen? Warum nicht mit Buddhisten, Taoisten, und was es sonst noch alles geben mag? Das Rätsel kann ich nicht lösen. Gibt es hier oben eine strikte religiöse Kohortentrennung?

Es wird mir schwer, darüber nachzudenken. Stattdessen höre ich Klänge, die mich selig stimmen, die ...

In einem Wunsch- und Zaubernebel bewegen wir uns beide, vielleicht mit unterschiedlichen Wünschen. Wo auch sollten Tote sich sonst herumtreiben? Verlören wir unsere Einbildungskraft, welche Kraft bliebe uns noch? Unsere vermeintlichen Ahnungen fußen auf Erinnerungen und unsere Erinnerungen gleichen in ihrer Fragilität bloßen Ahnungen. Ein Kreis, aus dem uns nur erlösen könnte, was jenseits aller Ahnung und Erinnerung – Gott? Sieh mal, ich unterschreibe gerne einen Satz wie: »Es gibt Gott.« Denn meiner Forderung, sich des eigenen Unwissens bewusst zu sein, wird in diesem Satz dadurch Genüge geleistet, dass er verschweigt, was sich hinter dem gebenden Es verbirgt. Die Sprache gibt mit der einen Hand, was sie mit der anderen nimmt. Was ist der strahlend-ehrfurchtgebietende Begriff *Gott* mehr als das Bekenntnis zu unserer Ohnmacht und Unwissenheit? Und übrigens halten sich die Verweise auf die Verborgenheit Gottes mit den Erzählungen über seine Offenbarungen in fast allen Religionen geradezu die Waage.

Lass uns nicht voneinander mit dem Eindruck scheiden, unsere Zusammenkunft hätte uns nicht verändert. Wirklich begriffen

habe ich dich genauso wenig wie mich selbst. Woher meine Einfälle und Einwände? Woher meine Erregung, woher meine Lust,
dir zu widersprechen? Nicht nur »Gott« ist mir mehr Rätsel als Lö-
sung. Auch mein eigenes tieferes Wesen. »Ich« – drei Buchstaben
für Myriaden von Einzelheiten, die ihr Spiel miteinander treiben.
Unsere Begierden und der Kampf um ihre Erfüllung treiben uns in
Richtungen, machen blind, verwandeln uns in Tyrannen des Wil-
lens. Diese Sache in Nizza hätte alles krönen sollen. Stattdessen
das Ende, die Konfrontierung mit der eigenen Substanz.

Versteh mich nicht falsch. Ich traure nicht über das Ende meines Lebens. Es gibt ein Versagen, das weit tiefer reicht als die
Verstöße gegen Gebote von Recht oder Religion. Ich meine die
Selbstverständlichkeit, mit der wir leben und handeln. Diese sinn-
losen Überschwemmungen, denen wir uns täglich aussetzen. Die
Übereilung, mit der wir lebten, spiegelt sich in der Art, wie wir
starben: Diese früh zu bemerkende, schwer zu deutende Unruhe,
die sich nach der Durchsage und dem Herunterfallen der Atem-
masken allmählich zu einer Panik steigerte, einem Zustand, der
unserem Begriff von Realität jeden Boden entzog. Sterben als Erlebnis: Fallen und Schweben zugleich, Ernst und Traum verquirlt,
Flüssigkeit aus Tod und Leben.

Ich wusste nicht, dass Menschen so schreien können. Es war
doch völlig sinnlos. Unglaubliche Merkwürdigkeit, mit solchen
Schreihälsen mein Schicksal teilen zu müssen. Auch nur Hinweis
auf die Irrtümer meiner Selbstsicht? Wie soll ein Mensch sich kennen, wenn er nicht einmal weiß, wann und wie er sterben wird?
Als eine Wunde, die sich nicht schließen will, hätte ich mich beschrieben. Aber es fragte niemand, dem ich es hätte anvertrauen
wollen. Auch nicht meiner Frau. Wer will schon mit einer Wunde
verheiratet sein? Entschuldige, ich rede Stuss. Es sind Sätze, die
mich durchziehen wie dich deine Klänge und Gedichte. Dir fällt es

leichter, dich momentweis zu vergessen. Selbst wenn ich meine Kinder küsste und umarmte, spürte ich meinen Schmerz. Jeder Erfolg erschien mir bloß wie eine verhängnisvolle Versuchung. Ich weiß nicht, was du unter einem Gottsucher verstehst. Begütigender Begriff für jemanden, der mit unlösbaren Rätseln nicht zu leben weiß.

Du sprachst viel von deinen religiösen Gefühlen, von Trost und Genuss, den sie dir bereiten, und siehst dich getragen von etwas, was du Christentum nennst. Für mich verkörperst du eine epikureisch-barocke Art des Lebens, die es immer gab und geben wird, solange Menschen existieren. Von asketischem Eremitentum, karmelitischer Mystik, weltlichem Kämpfertum á la Ignatius von Loyola oder der Fürsorge einer Mutter Theresa so fern wie der Mond. Was du Christentum nennst, erscheint mir wie eine unbewusste kollektive Verabredung, dieselben Geschichten, Begriffe und Symbole zu verwenden, um vergessen zu können, dass man allein steht in seiner individuellen Beschaffenheit, völlig allein.

Ich will dich weder verletzen noch deine eigene Sicht beeinflussen, nur sagen, was ich zu sehen glaube, wenn ich meine Augen öffne. In fast allem, was du sagtest, hörte ich deine Sehnsucht sprechen, deine Vorlieben und Abneigungen. Nie war die Rede von einem Opfer, das du zu erbringen hättest. Erlösung ohne Gegengabe? Unser Tod war dieses Opfer noch nicht, wir haben ihn nicht gewollt.

Ich finde es erstaunlich, wie milde und zugewandt du inzwischen sprichst. Sogar ein kleines bisschen was von deiner Familie erzählst. Und in manchem hast du wohl recht. Von Askese und Eremitentum bin ich immer weit entfernt gewesen. Heilige Personen, die sich einem erstaunlich extremen Leben hingaben, haben mich zwar interessiert, aber niemals so begeistert, dass ich einem von ihnen hätte nacheifern wollen. Für einen recht gewöhnlichen Menschen, der ich war und bin, wirkt der Gedanke, sich selbst opfern zu müssen, verstörend, gelinde gesagt: abwegig. Zwar geisterte das Selbstopfer in meinen mich selbst schmückenden Phantastereien herum, aber die waren reinlich geschieden vom wirklichen Leben. Gottlob, kann ich nur sagen, denn solche Hirnspiele können durchaus dazu führen, dass ein Leben ausfranst, aus den Nähten geht, hässlich wird, und man womöglich in der Psychiatrie landet.

Aber eine Gottsucherin war ich trotzdem, da hast du wohl einen Nerv getroffen. Kirchgänge waren dazu da, Ihn zu suchen, theologische Bücher auch, wiewohl sie im Schwelgen raffinierter Deduktionen und Interpretationen des großen Geheimnisses im Kern eine gottesabspenstige Seite enthalten. Echt waren meine Mühen vielleicht nur, wenn ich ganz allein für mich die Hände faltete und Ihn darum bat, mich zu trösten. Kindlich, naiv, innig. Ohne Selbstüberhebung, ohne Besserwisserei. Im Wissen um meine Schuld und die geringen Kräfte, ihr fortan zu widerstehen.

Jetzt ist alles anders. Aufgemischt wie nie zuvor erlebe ich Angst und Freude in derselben Sekunde, strahlende Hoffnung und Verzweiflung, Besonnenheit und Wirrnis, alles, alles zugleich. Ich sehe schärfer denn je und bin im nächsten Augenblick blind. Wo meine Augen waren, brennen Kohlen und leuchten Sterne. Ich befinde mich in einem Chaos, über das gelinde der Flügelschlag eines Engels weht. Und jetzt … da, jetzt … nähert sich wieder was … was Winziges …

Mild und zugewandt bin ich geworden? Aus endlich erlangter Einsicht: Dich zu ändern, bedarf es göttlicher Mächte. Sie werden nicht auf sich warten lassen. Möge dir die Himmelspsychiatrie erspart bleiben, obgleich es dich sicher reizen würde, die Hirnspiele verrückt gewordener Heiliger als Kunststücke zu bewundern. Auch du tanzt gerne auf dem Seil. Ein sicherndes Netz stets im Auge. Schmerz fürchte ich wie du, halte ihn aber für unvermeidlich. Das uns zugedachte Kreuz auszuhalten, ohne zu verzagen, darin sehe ich die uns auferlegte Prüfung. Nicht wissen zu dürfen, warum wir geprüft werden, auch das ist Teil der Qual. Aber zurück zu deinen Augen. Was sagen die Kohlen und Sterne?

Die lassen mich erkennen, dass sich da eine sehr kleine Gestalt nähert, kaum größer als ein vierjähriges Kind. Die Gestalt wirkt seltsam, Genaues kann ich noch nicht erkennen, aber sie kommt langsam auf mich zu – und mir wird – ich weiß nicht, wie ich das beschreiben soll: Bang? Und es ziehen merkwürdige Sätze durch meinen Kopf, etwa: *Jetzt bist du nicht mehr von der Misere verschlungen* – oder – was mir ganz und gar unsinnig erscheint – *jetzt musst du Gott ein Almosen darbringen* – was ich noch weniger verstehe, denn Gott braucht von mir jetzt gewiss keine kleine Spende, die ich in einen Klingelbeutel werfe. Dazu wehen Bruchstücke von Melodien heran, die ein merkwürdiges Gewirk ergeben, mal klingen sie nach Pergolesis *Stabat Mater*, mal ein bisschen nach Monteverdis *Orfeo* – alles wirkt anziehend auf mich, und, wie gesagt, gleichzeitig wird mir bang.

Hab ich's nicht gesagt? Jetzt stehen wir blöd da. Ohne Opfer kommt man hier nicht weiter.

Ich wüsste nicht, was ich hier oben noch opfern sollte. Mein Leben, das geprüft werden muss, ist vorbei. Aber meine Gefühle ändern sich gerade, es zieht mich hin, es zieht mich fort, und dieses Winzige, das sich mir nähert, zieht meine ganze

Aufmerksamkeit auf sich. Ein seltsames Wesen scheint das zu sein – Kind und auch wieder ganz und gar nicht Kind. Meine Neugier ist geweckt, zugleich verspüre ich Angst, denn … o Jessas! Jetzt wird klar warum … stell dir vor: Das ist eine kindhafte Gestalt, aber mit einem Totenschädel obenauf. Ich weiß überhaupt nicht mehr, was ich denken soll …

Fürchte dich nicht.

Leicht gesagt. Deine Gestalt ist schreckenerregend.

Fürchte dich nicht. Ich bin dein Tödlein.

Harmlos kommst du mir nicht vor.

Gertrud! Trau dem Kerl nicht.

Tödlein: Vertrau mir.

Das täte ich gern, aber kannst du mich nicht wissen lassen, was du mit mir vorhast, wenigstens ein bisschen?

Tödlein: Ich löse dich und führe dich zu den anderen Seelen, damit du dich bewegen kannst. Von denen droht dir keine Gefahr. Mit einigen von ihnen hast du schon sprechen dürfen. Du bist also schon ein wenig vorbereitet. Gib mir deine Hand.

Fühlt sich kalt an, deine Hand, obwohl sie so klein ist. Und hat einen tüchtigen Griff.

Gertrud! Lass dich nicht von diesem Typen – ein Betrüger!

*Tödlein: Du bekommst Gesellschaft und wirst viel
in Erfahrung bringen. Freue dich.*

Aber was ist mit ihm? Ich meine mit dem Mann, der mit mir zusammen gestorben ist?

*Tödlein: Kümmere dich nicht um ihn. Er geht dich nichts mehr an.
Nun komm.*

Da hast du's. Tödlein? Das ist doch ein Trick. Lassen Sie die Frau in Ruhe.

Warum kann er uns denn nicht begleiten? Du hast doch noch eine andere Hand frei.

*Tödlein: Ich wiederhole mich ungern. Er geht dich nichts an.
Nun komm!*

Nein, so geht das nicht.

Er kam mir so vor wie ein nachdenklicher Mensch, bestimmt wertvoll auf seine Weise …

Ja, das bin ich. Außerdem: Gertrud und ich, wir sind zusammen gestorben und haben uns aneinander gewöhnt.

*Tödlein: Mir musst du gehorchen. Zum dritten und letzten Mal:
Er geht dich nichts an!*

Moment! Wir sind ein Paar. Man kann uns nicht einfach – Gertrud?

Jetzt überkommt mich urplötzlich doch wieder Angst. Obwohl ich mich sehr danach sehne, mit den anderen Seelen in Kontakt zu treten. Gleichzeitig durchströmt mich eine große Sehnsucht, und ich höre wieder Musik, eine wunderfeine Musik, höre sie sogar sehr intensiv. Trotzdem bekümmert mich, dass der Mann, der mein schreckliches Schicksal teilte, mir nun verloren gehen soll, ich möchte umkehren und ihn mitnehmen, aber der Griff, der mich gepackt hat, ist eisern, ich weiß nicht, wie …

Gertrud …? Weg, einfach weg! … Ich wusste, dass es so enden würde. Dem eigenen Vorstellungsvermögen zum Opfer gefallen! Nie hat sie sich wirklich auf mich konzentrieren können. Immer fiel ihr was andres ein, Gedichte, Nackttanz, mit diesem Rubirosa fing es an. Mein Mann, der berühmte Opernsänger, das sagt ja doch alles … Hang zur Glitzerwelt, wie soll das gut gehen … Dabei hatte sie noch von Kafka und Beckett geschwärmt. Sie hat die beiden einfach nicht verstanden, ich hab es ihr gesagt. Aber nie hörte sie richtig zu. Immer wieder kam sie mit ihrer eigenen Wurst … Ich meine, ich hab mich doch wirklich angestrengt. Gut, vielleicht war ich manchmal ein bisschen gemein. Aber das gehört dazu … Verdammt, man wird die Dinge doch auch mal zuspitzen dürfen. Schließlich ging es um Leben und Tod. Oder nicht? Ich meinte es gut, hat sie's nicht gemerkt … Verschwinden, als habe man noch was Größeres vor. Was denn? … Nizza … ich hatte gleich so ein ungutes Gefühl. Klingt wie Pizza. Halodrimäßig wie dieser Rubirosa … Wär' ich bloß nie in dieses Flugzeug gestiegen … Dieses ganze internationale Nizza-Pizza-Blendwerk! Bleibt man bescheiden und demütig, geht alles gut, stets hab ich diese Erfahrung gemacht … Wie steh ich denn jetzt da? Die Kinder, meine Frau … und noch nicht einmal richtig tot … Alles ruhig, nur ich. Hab ich's nicht so gewollt? … Man darf vom Tod nicht zu viel erwarten … Bloß, dass sie mir nicht mehr aus dem Kopf geht … Wir passten einfach nicht zusammen … Hätt' sie wenigstens genauer unterschieden zwischen ihren Wünschen und dem, was wirklich ist … Tödlein, nein bitte, und dann dieses dicke, wülstige Goldarmband, das sie im Flugzeug trug. Ich vergrub gleich meinen Kopf, um vor Ekel nicht ständig hinschauen zu müssen. Und auf was fiel mein Blick? Rote Slippers, dieselben wie der Papst sie trägt. Möchte nicht wissen, wie ihr Morgenmantel aussieht … Erstaunlich nur, wie sie all diese Gedichte parat hatte. Man darf den Tod nicht unterschätzen, wer weiß, was er alles aus einem macht. Möglicherweise bin ich selbst schon längst nicht mehr ich. An was soll man's merken … Sie hat sich über mich geärgert. Warum sonst brennt sie mit diesem Tödlein durch … Nicht einmal von dem Vortrag konnte ich ihr erzählen. Sie sah ja nur die Aktentasche … Wie hab ich dran gefeilt. Vor diesem internationalen Publikum, es wäre die Krönung gewesen … Was wohl mit der Aktentasche passiert ist? Wird sie eines Tages angeschwemmt wie Flaschenpost aus anderer Zeit? … Mensch Gertrud, wenigstens das Ende hätt' ich dir gern noch vorgetragen.

Verzweiflung als Sünde

… verzweifelt nicht man selbst sein zu wollen. Dazu möchte ich auch jene Utopien rechnen, die im Einzelnen bloß den Vertreter einer Gattung sehen und in grandiosen Zukunftsentwürfen von abstrakter Gleichheit mit einem fragwürdigen Wir-Gefühl die Besonderheit eines jeden Einzelnen leugnen.

Und so erkennen wir, wenn wir an jene vorhin erwähnten Identitätskonstruktionen von Volk und Rasse denken oder an überzogene Vorstellungen von der Existenz religiös oder geschlechtlich voneinander trennbarer Identitätsgruppen, dass sich hier die Extreme zu einem Kreis zusammenschließen: Verzweifelt man selbst sein wollen und verzweifelt nicht man selbst sein wollen, unterscheiden sich nur auf den ersten Blick.

Das ist auch ganz logisch, denn der entscheidende Punkt ist hier nicht, welche Antwort man persönlich auf die Frage nach dem wahren Selbst findet. Das Problem ist vielmehr die Verzweiflung, mit der man seine Antwort in dieser Welt durchzusetzen versucht. Kierkegaard nennt diese Verzweiflung Sünde. Aber er meint auch, zu sündigen sei menschlich, nur wider besseres Wissen in einer Sünde zu verharren, sei teuflisch.

Anmerkungen

1 Textauszug aus: Szilárd Borbély, Berlin Hamlet. Gedichte. Herausgegeben und aus dem Ungarischen übersetzt von Heike Flemming. S. 110. © Copyright by Estate of Szilárd Borbély. © Suhrkamp Verlag Berlin 2019.

2 Rainer Maria Rilke, Die erste Elegie, aus: Duineser Elegien, Insel Verlag, Frankfurt 1974, S. 11.

3 Søren Kierkegaard, Die Krankheit zum Tode, Rowohlt, München 1969.

4 Seamus Heaney, Ausgewählte Gedichte, übersetzt von Giovanni Bandini und Ditte König. © 1995 Carl Hanser Verlag GmbH & Co. KG, München.

5 Textauszug aus: Szilárd Borbély, Berlin Hamlet. Gedichte. Herausgegeben und aus dem Ungarischen übersetzt von Heike Flemming. S. 75. © Copyright by Estate of Szilárd Borbély. © Suhrkamp Verlag Berlin 2019.

6 Textauszug aus: T.S. Eliot, The Love Song of J. Alfred Prufrock, aus: Selected Poems of T. S. Eliot, Faber And Faber Ltd., 2009.

7 Textauszug aus: Christian Lehnert, Windzüge. Gedichte. S. 45. © Suhrkamp Verlag Berlin 2015.

8 Samuel Beckett, Gedichte. © 1988 Limes Verlag, München. Genehmigt durch die F.A.Herbig Verlagsbuchhandlung GmbH, Stuttgart.

9 Hans Arp, Gesammelte Gedichte II. © 1974 Limes Verlag, Wiesbaden. Genehmigt durch die F.A.Herbig Verlagsbuchhandlung GmbH, Stuttgart.

10 Aus: Christine Lavant, Zu Lebzeiten veröffentlichte Gedichte, Hg. und mit einem Nachwort von Doris Moser und Fabjan Hafner. © Wallstein Verlag, Göttingen 2014.

11 Mark Strand, Dunkler Hafen, Suhrkamp Verlag Frankfurt am Main 1997, S. 99.

12 Raymond Queneau, Stilübungen, Polyptota, Suhrkamp Verlag, Berlin 2016, S. 43

Die Bibelstellen sind frei übersetzt